Hohe Heer-Strasse
durch
das Chur Fürst.
Sachsen.
Wie selbige aus Polen u.
Schlesien in die Lande
Thüringen, Sach
u. so ferner geh
wie Sie auf un
Art zu Wasser
umfahren w
entworfen
J. C. K.
Reichenb. Varg
1728.
POHLEN
SCHLESIEN
CUSTRIN
Franckfurth
Sternberg
Schwibussen
Züllichau
Gubeu
SCHIDLO
CROSSEN
Grünberg
Fraustadt
Carolath
Beuthen
PEITZ
COTBUS
Sorau
Sagan
Neustädtel
Brieg
GROS GLOGAU
Spremberg
Muscau
Sprottau
Polckwitz
Steinau
Wolau
Lüben
Barchwitz
Leubus
Hayn
Liegnitz
Neumarck
BRESLAU
Bunzlau
Naumburg
Lauban
Goldberg
Jauer
Budissin
Hirschberg
Schweidnitz
Landshuth
Schmideberg
Zittau
PRAGA
Schlan
Gemeine teutsche Meilen 15 auf einen Grad gerechnet.

Die kurfürstlich-sächsische Armee um 1791

Reinhold Müller · Wolfgang Rother

Die kurfürstlich-sächsische Armee um 1791

200 Kupferstiche
Entworfen, gezeichnet und koloriert
von Friedrich Johann Christian Reinhold
in den Jahren von 1791 bis 1806
zu Dresden

INHALT

Friedrich Johann Christian Reinhold und seine «Soldatenbilder»

Das in seiner Gesamtheit hier erstmals vorliegende Werk von Friedrich Johann Christian Reinhold kann uneingeschränkt für sich in Anspruch nehmen, sowohl das seltenste als auch das vollständigste und umfangreichste seiner Art zu sein.

Der besondere kulturhistorische Wert besteht in seiner hohen Aussagekraft als Quelle der Militär-, Kostüm- und Uniformgeschichte sowie der Kulturgeschichte ganz allgemein. In den Jahren des Entstehens der umfänglichen Arbeit waren solche «Soldatenbilder» relativ häufig und wurden in unterschiedlicher Qualität, geschlossen oder auch in Einzelexemplaren, auf dem Buchmarkt angeboten. Sie gingen einher mit volkstümlichen Bilderbögen, Bildern aus dem Volksleben, Trachtenbildern, Landschaftsdarstellungen und Veduten. Blätter dieser Art wurden in Kupfer gestochen oder geätzt, auf Kupferdruckpapier gedruckt und meist handkoloriert. Die vervielfältigende Kunst der Druckgrafik hatte damit in jener Zeit einen großen Anteil an der Verbreitung von kulturellen Informationen und Kunstanschauungen. Autoren solcher Reproduktionsstiche waren mehr oder weniger bekannte Maler und Grafiker, aber auch Laienkünstler, sogenannte Dilettanten, zu denen F. J. Ch. Reinhold zu rechnen ist. Zumindest war er kein anerkannter Künstler. Zur Zeit der Erarbeitung der Uniformblätter war Reinhold als Kopist bei der Extraordinär-Steuersekretariats-Expedition im Obersteuer-Kollegium zu Dresden (etwa einem Finanzministerium entsprechend) tätig. Über die Lebensumstände Reinholds ist wenig bekannt. Er wurde im Jahr 1742 geboren. 1770 erwähnte man ihn erstmalig im Hof- und Staatskalender als Kopist bei der Personensteuer-Rechnungsexpedition. Später wurde er dann zur zweiten Steuersekretariats-Expedition versetzt, wahrscheinlich als eine Beförderung. Die jährliche Besoldung eines Kopisten betrug 376 Taler und 16 Groschen. Diese Summe entsprach in etwa dem Gehalt eines Rittmeisters und lag wesentlich höher als das Einkommen eines Hauptmanns der Infanterie. Über die persönlichen Verhältnisse Reinholds zum Militär gibt es keine weiteren Angaben als die, daß er selbst nicht Soldat war, aber sein Vater im Soldatenstand lebte und starb. Offizier war der Vater Reinholds wahrscheinlich nicht, aber ein Auditeur (Gerichtsbeamter im Range eines Offiziers). Ernst Friedrich Reinhold vom 4. kurfürstlich-sächsischen Kreisregiment ist archivalisch belegt. Er lebte von 1710 bis 1763.

Friedrich Johann Christian Reinhold erhielt eine umfassende Erziehung und Schulbildung. Sein außergewöhnliches Zeichentalent läßt auf gute Lehrer und eine systematische, wohl auch künstlerische Ausbildung schließen. Es ist anzunehmen, daß zu seiner persönlichen Umgebung auch Künstler gehörten, die auf seine Interessen und künstlerischen Neigungen Einfluß nahmen.

Beruflich war er etwa 40 Jahre lang als Kopist tätig, ohne eine rangmäßige Erhöhung. Vielleicht sah er in seiner außerberuflichen künstlerischen Tätigkeit einen Ausgleich in seinem wohl ansonst einsamen Leben. Er war nicht verheiratet und kinderlos.

Am 10. August 1809 starb er an Auszehrung in Dresden. Er hinterließ kein Vermögen, aber seine umfassende Darstellung der sächsischen Armee, außerdem Kupferblätter, Zeichnungen und angefangene Skizzen vom Plauenschen Grund.

Nach vorhandenen schriftlichen Aufzeichnungen gab es höchstwahrscheinlich nur zwei Teilausgaben des vorliegenden Werkes, die unmittelbar nach der Entstehung in Sammlungen aufgenommen wurden, aber durch äußere Umstände nicht vollständig erhalten geblieben sind.

Durch umfangreiche Recherchen ist es den Autoren gelungen, aus den nicht kompletten Beständen an Blättern in namhaften staatlichen Sammlungen Dresdens ein vollständiges Exemplar zusammenzustellen. Nur einige Texttafeln können leider nicht mehr nachgewiesen werden. Ihr Verbleib ist unklar. Ebenso mußten einige Tafeln ausgesondert werden, bei denen lediglich die Kupferstiche Originalität besaßen und die Kolorierung offensichtlich von nicht nachweisbaren Personen – vielleicht auch in späterer Zeit – ausgeführt wurde.

Aus dem ebenfalls noch vorhandenen Skizzenbuch Reinholds wurden mehrere Skizzen ausgewählt, die gleichfalls als Kupferstiche vorgesehen waren und Einblick geben in die Arbeitsweise des Autors. In einem Fall haben wir uns erlaubt, der angestrebten Vollständigkeit wegen einen nichtkolorierten Kupferstich thematisch in die Reihe der kolorierten Tafeln einzufügen.

Alle Zeichnungen auf den Blättern wurden in Kupfer gestochen und jede Tafel unter Berücksichtigung aller möglichen Details mit Gouachefarbe ausgemalt.

Bei der malerischen Ausführung gibt es in Einzelheiten und im Gesamteindruck kleine Unterschiede, die wahrscheinlich durch die langjährige Entstehungszeit begründet sind. Die Handkolorierung war ja sehr zeitaufwendig und ging langsam voran.

Die vorliegenden grafischen Blätter besitzen in ihrer bisweilen naiv anmutenden Darstellungsweise durchaus künstlerische Qualität. Teilweise vorhandene Ungenauigkeiten und Verzeichnungen sowohl bei den Figuren als auch bei den Hintergrunddarstellungen sowie Mängel in der kompositorischen Lösung können den Gesamteindruck und den vorhandenen grafischen Reiz nicht mindern.

Aus Gründen der künstlerischen Gestaltung und der inhaltlichen Aussagekraft hat der Autor Reinhold Figuren und Figurengruppen, Ortschaften, Landschaften sowie Ausrüstungsgegenstände der Armee und Gegenstände des täglichen Gebrauchs relativ geschlossen angeordnet. Außerordentlich aufschlußreich sind dabei die Blätter, die zeitgenössische Verhaltensweisen von Personengruppen ziviler und militärischer Provenienz sowie damals typische Tätigkeiten zeigen.

Mit einer ungemein scharfen Beobachtungsgabe und einem ausgeprägten Talent für detaillierte Darstellungen hält er lebendige Szenen des täglichen Dienstes, des Alltags und der besonderen Tätigkeit des Militärs und teilweise auch der Bevölkerung fest. Die Dargestellten erscheinen in der Regel vor dem ebenso detailgetreu gestalteten Hintergrund.

Das vom Autor Gesehene wird mit nahezu wissenschaftlicher Akribie festgehalten, ohne das Wirkliche und Alltägliche zu verklären. Die Szenerie ist nicht immer topographisch und perspektivisch exakt, aber die Atmosphäre der Land- oder Ortschaft ist genau wiedergegeben. Reinhold besaß zweifellos die Fertigkeit, die Lebensumstände der Dargestellten unter Verzicht auf eine besondere bildnerische Wirkung zu veranschaulichen. Ohne Sentimentalität und realistisch in der Wiedergabe von Allgemeinem und Besonderheiten in der Erscheinung der Personen und der

Umgebung, dabei aber auch in einem gewissen Sinne idealisiert, stellt Reinhold die Vertreter der sächsischen Armee und der Bevölkerung in ihrer Umwelt vor.

Die auf den Blättern dargestellten Ortschaften und Landschaftsgebiete gehörten alle bis 1815 zum sächsischen Hoheitsgebiet. Nur in einem Fall ist eine Stadt außerhalb Sachsens abgebildet worden, nämlich Mainz. Als Begründung dafür ist wohl die Beteiligung sächsischer Truppen an der Niederschlagung der Mainzer Republik im Jahre 1793 zu nennen.

Allein vom Stadtkern Dresdens sind etwa 20 verschiedene Ansichten vorhanden. Erwähnt sei in diesem Zusammenhang, daß Dresden in jenen Jahrzehnten die meist dargestellte Stadt Deutschlands war. So werden die mit bemerkenswerter Genauigkeit gezeichneten Tafeln zu farbenprächtigen und eindrucksvollen kulturhistorischen Dokumenten, die neben dem eigentlichen Anliegen weitergehende Einsichten und Ergänzungen zum bisherigen Geschichtsbild ermöglichen.

Die Gesamtausgabe ist in drei Abteilungen gegliedert: I. Generalstab, II. Kavallerie und III. Infanterie. In der III. Abteilung befinden sich außerdem die Artillerie und alle anderen Waffengattungen sowie sonstige Formationen. Die angestrebte Detailtreue auch in der Anlage der Ausgabe verbietet eine Veränderung der Gliederung nach heutigen Ansichten als willkürlichen Eingriff.

In der I. Abteilung werden zuerst die zur Entstehungszeit lebenden Angehörigen des kursächsischen Hauses in den damals sehr beliebten Schattenrissen auf Säulen, Obelisken oder Denkmalen vorgestellt. Weiterhin sind auf 20 Blättern Generale und Beamte, Offiziere spezieller Dienste und Adjutanten abgebildet.

Zeichnung (Bleistift) aus dem Skizzenbuch F. J. Ch. Reinholds

Von den dargestellten Personen haben einige Dienststellungen inne, die uns nicht mehr geläufig sind und bereits seit langer Zeit in den Armeen durch andere Tätigkeiten ersetzt oder unnötig wurden – wie zum Beispiel die des Generalgewaltigen.

In der II. Abteilung wird auf 42 Blättern die Kavallerie vorgestellt. Der Inhalt dieser Blätter reicht, abgesehen von der obligatorischen Uniformdarstellung, bis zu Handlungen des täglichen Dienstes, Ausbildungsmethoden und Alltagsgeschehen.

Besonders beachtlich sind die vielen, sehr liebevoll und detailliert dargestellten Pferdetypen. In schriftlichen Ausführungen bekannte sich Reinhold ausdrücklich dazu und erklärte, er wolle sich besondere Mühe geben, die unterschiedlichsten Pferderassen in ihrer rassetypischen Gestalt sowie auch alle Ausrüstungsdetails genau und richtig wiederzugeben. Die Reinholdschen Abbildungen stehen hier in völliger Übereinstimmung mit der zeitgenössischen Literatur über die Pferderassen.

In der III. Abteilung, die Infanterie betreffend, sind zwei Unterteilungen enthalten. In der ersten werden auf 73 Blättern das adlige Kadettenkorps, das Ingenieurkorps, das Feldartilleriekorps und die Leibgrenadiergarde vorgestellt. Bei diesen Formationen handelt es sich um die sogenannten eximierten Korps, also um Truppen mit einem gehobenen Status innerhalb einer Armee des 18. Jahrhunderts. Auf diesen Blättern wird eine Vielzahl von Gegenständen der damaligen Zeit abgebildet, die sich als Original nicht bis in die Gegenwart erhalten haben. Zum Teil sind sie überhaupt nicht mehr bekannt, auch nicht ihre Handhabung.

Es folgen in der zweiten Unterteilung nochmals 47 Blätter mit Stichen der Feldinfanterie, der Garnison- und Halbinvalidenkompanien, der Feldlazarette, des Feldpostamtes, des Fuhrwesens und weiterer Versorgungseinrichtungen. Umfangreich werden auch die Feuerwerker und die Ingenieurkunst vorgestellt.

Auf fast allen Blättern ist die Uniformierung der Armee festgehalten, einmal als Parade- und Galauniform und auch als Exerzier-, Dienst- oder Interimsuniform. Verbunden ist diese Vorstellung der jeweiligen Uniformart mit szenischen Handlungen, die das Exerzieren, den allgemeinen Dienst, Märsche, das Lagerleben, Gefechtshandlungen oder sonstiges zeigen.

Damit wird die gesamte sächsische Armee in ihrem äußeren Zustand Ende des 18. und Anfang des 19. Jahrhunderts detailliert vorgestellt. Allein dadurch besitzt das Werk einen nicht unbedeutenden kulturhistorischen Wert. Bekanntlich erfuhr ja die Armee mit der Reorganisation von 1810 auch äußerlich eine völlige Veränderung. So ist das Dargestellte auf jedem einzelnen Blatt ein Zeitdokument des oft kleinlichen, schablonenhaften Geistes einer Armee, deren äußere Erscheinung auch durch Stock, Perücke und Gamasche charakterisiert wurde und in der die drillmäßige exakte Ausführung von Nebensächlichkeiten höher bewertet wurde als beispielsweise die gefechtsmäßige Einzelausbildung des Soldaten und die taktische Beweglichkeit der Formationen.

Man muß annehmen, daß das Reinholdsche Werk unvollendet blieb und deshalb auch nicht in den Handel gekommen ist. Einer Notiz zufolge soll es von 1791 bis 1806 bearbeitet beziehungsweise hergestellt worden sein, aber es wurde niemals öffentlich angekündigt oder vertrieben.

Es ist nicht einmal feststellbar, wer die Blätter gedruckt hat. Wahrscheinlich besaß Reinhold eine eigene Kupferdruckpresse und fertigte die Abzüge selbst. Er hatte vermutlich die Absicht, den einzelnen Blättern erläuternde Texte voranzusetzen. Das erfolgte aber nicht. Die Gründe dafür sind unbekannt.

In einem handschriftlich gefertigten Vorbericht zum Gesamtwerk, der in einem unvollständigen, nichtkolorierten, 34 Blatt umfassenden Exemplar des Kuperstichkabinettes Dresden enthalten ist, geht Reinhold auf seine Lebensumstände, seine Gestaltungsabsichten sowie auf die Quellen- und Materiallage ein. Nicht uninteressant ist die dargelegte Absicht über den geplanten Abschluß der Ausgabe. In einem Anhang sollten die Abweichungen und Besonderheiten der sächsischen Uniformen von anderen deutschen oder europäischen Armeen dargestellt werden. Dies kam leider nicht zustande. Es sind auch keine Hinweise über die Anlage des Vorhabens bekannt. Ein gleichfalls im Kupferstichkabinett Dresden vorhandenes Skizzenbuch Reinholds zum vorliegenden Werk gibt dazu auch keine Auskunft.

An einer anderen Stelle äußert sich Reinhold, daß er (trotz seiner vielen Mühen und seines Fleißes) bei den nur wenigen Exemplaren seiner Ausgabe kaum die beträchtlichen verauslagten Kosten zurückerhielte, aber aus patriotischen Absichten wolle er das angefangene Werk fortsetzen. Dafür müssen wir ihm danken.

Dem genannten Vorbericht Reinholds soll in den beiden ehemals vollständigen Exemplaren eine «Geschichte der Sächsischen Truppen» beigefügt gewesen sein, die aber nicht mehr nachweisbar ist. Die Grundlage dieser Ge-

schichte war die Hoyersche «Pragmatische Geschichte der Sächsischen Truppen, ein Taschenbuch für Soldaten», erschienen 1792. Wer die handschriftlichen Texte ausführte, ist gleichfalls nicht mehr nachweisbar. Proben der Reinholdschen Schrift ergaben keine Identität. Die Verwechslung der Inschriften auf den Blättern Kürassiere und Husaren durch den nicht bekannten Schreiber wäre dadurch erklärbar, denn im Gegensatz dazu sind auf allen Blättern peinlichst genau alle Gegenstände detailgetreu im Bild festgehalten.

Zu Reinholds Lebenszeit sind über die sächsische Armee die folgenden uniformkundlichen Werke erschienen, die wahrscheinlich auch zum Teil von ihm als Quelle verwendet beziehungsweise als Vergleichsmaterial herangezogen wurden:

- «Akurate Vorstellung der sämtlichen kurfürstlich sächsischen Regimenter und Korps, worinnen zur eigentlichen Kenntnis der Uniformen von jedem Regiment ein Offizier und ein Gemeiner in völliger Montierung (Uniform – d. Verf.) und ganzer Statur nach dem Leben abgebildet sind.» Das Werk war 1779 in Nürnberg erschienen und umfaßte 27 Blatt kolorierte Kupferstiche.
- «Pragmatische Geschichte der Sächsischen Truppen, ein Taschenbuch für Soldaten» von Hoyer. Dieses Werk bestand aus 34 kolorierten Kupfertafeln mit 314 figürlichen Darstellungen, gestochen von Thaenert.
- Gleichfalls 1792 in Leipzig erschienen, wie das vorgenannte Werk von Hoyer, waren 5 Hefte «Sächsische Armeeuniformen», über die es keine weiteren Angaben gibt.
- «Geschichte und bildliche Vorstellung der Kurfürstlich-Sächsischen Regimenter» mit 64 kolorierten Kupferstichen, erschien 1797 in Wien.

- «Uniformen der kurfürstlichen Armee, wie solche im September 1802 im Lager bei Dresden kampierte». Ein Werk aus 34 kolorierten Kupfertafeln bestehend.
- «Die kursächsische Armee nach ihren Korps und Regimentern ...» erschien 1805 in Dresden, das Werk war nach Zeichnungen von Offizieren von Grähniger geätzt worden.
- «Abbildungen von den Uniformen der Kursächsischen Truppen», erschienen ab 1805 in Dresden. Es handelte sich um 28 Blätter, die von dem Schlachtenmaler Karl Adolf Heinrich Heß hergestellt worden waren.

Nach dem Tode Reinholds erschienen noch: «Abbildungen der neuorganisierten königlich-sächsischen Armee» 1810 in Leipzig mit 20 kolorierten Kupfertafeln, auf denen 74 Figuren dargestellt waren, und «Die neuuniformierte königlich-sächsische Armee, nach der Natur gezeichnet und in Gruppen dargestellt» mit 39 Figuren auf 8 Blättern, 1811 in Dresden herausgegeben.

Alle diese zweifellos sehr wertvollen Werke, die heute ebenfalls zu den Seltenheiten gehören und nur noch teilweise nachweisbar sind, besitzen jedoch nicht die Geschlossenheit der Armeedarstellung wie das Reinholdsche Werk.

Zeichnung (Bleistift) aus dem Skizzenbuch F. J. Ch. Reinholds

Die kurfürstlich-sächsische Armee vom Ende des Siebenjährigen Krieges bis 1791

Der Hubertusburger Frieden vom 15. Februar 1763 brachte auch für das sächsische Kurfürstentum und seine Armee den Friedenszustand.

Land und Städte waren verwüstet, mehr als hunderttausend Menschen getötet und über 100 Millionen Taler an Kriegskosten aus der sächsischen Bevölkerung herausgepreßt worden. In der ersten Hälfte des Jahrhunderts hatten August der Starke und auch sein Sohn versucht, ihre landesherrliche Machtstellung vorwiegend durch ihre Außenpolitik zu festigen, was ihr Streben nach dem Besitz der polnischen Krone beweist. Dazu brauchten sie bedeutende finanzielle Mittel, die Kursachsen aufbringen mußte. Der sächsisch-polnische Hof mit seiner bekannten glanzvollen Repräsentation und die Unterhaltung der Armee verschlangen große Summen. Solche Belastungen überstiegen die Kräfte der sächsischen Erblande um ein Vielfaches. Der ständige Geldmangel sollte durch immer neue Steuererhöhungen und andere finanzielle Manipulationen behoben werden. Im Jahre 1756 war der Staatshaushalt mit 12,5 Millionen Talern Schulden belastet.

In dieser Situation begann der Siebenjährige Krieg, der zur militärischen Katastrophe, zum Verlust der polnischen Krone und zur endgültigen Zerrüttung der Staatsfinanzen führte. Die sächsische Bevölkerung hatte die schwerste Belastungsprobe seit dem Dreißigjährigen Krieg zu bestehen. Kursachsen war am Ende des Krieges zu einem «europäischen Staat vierter Größe» herabgesunken, wie es 1774 der sächsische Oberbergkommissar Friedrich Anton von Heynitz treffend formulierte. Die bisherige absolutistische Konzentration aller wichtigen zentralen Staatsämter in einer Hand wurde nach 1762 abgelehnt und dafür eine aufgeklärte, kollegial amtierende Bürokratie verlangt. Das Übergewicht der militärischen Ausgaben im Staatshaushalt hatte keine Berechtigung mehr.

Kursachsen sollte künftig eine unkriegerische Politik führen und die Armee im Retablissement (Wiederherstellung) nur eine untergeordnete Rolle spielen. Alle Versuche des Administrators Prinz Xaver, die Armee wieder auf die Höhe von 30000 Mann zu bringen, konnten vereitelt werden. 1768 mußte Prinz Xaver die Administration vorzeitig niederlegen. Die von ihm trotzdem erreichten Erhöhungen der Truppenstärken brachten einen weiteren Anstieg der Verbrauchersteuern, was den Warenumlauf spürbar behinderte. Die dadurch bedingten Verluste an Steuer- und Akziseeinnahmen erforderten wiederum Staatsanleihen in Millionenhöhe. Erst 1768, als Kurfürst Friedrich August die Macht übernahm, änderten sich die Ziele der Staatspolitik. Er verzichtete auf außenpolitische und militärische Experimente und förderte Handel, Gewerbe und Ackerbau. Etwa seit dem Jahre 1772 kam es zu einer radikalen Einschränkung des Militärhaushalts.

Ein namhafter Vertreter der neuen Ansichten auf dem Gebiet der Ökonomie und Wirtschaftspolitik war der ehemalige Kabinettsminister Johann Georg von Einsiedel (1730–1811). Er war nach Ablehnung der von Prinz Xaver geforderten Erhöhung der Heeresausgaben von diesem entlassen worden.

Gemeinsam mit seinem Bruder Detlev Karl von Einsiedel (1736–1810) widmete er sich der intensiven landwirtschaftlichen Nutzung des Bodens, der Verbesserung der Tierzucht sowie der Erschließung der Braunkohle. Sein Bruder hatte als industrieller Großunternehmer besonderes Interesse am Aufbau der Industrie und Wirtschaft Kursachsens.

Auch andere sächsische Adlige wurden kapitalistische Unternehmer.

Nicht uninteressant erscheint die Forderung der Vertreter des sächsischen Retablissements, daß in Zukunft die Staatsschulden und die Unterhaltung der Armee von den Einkünften der Domänen zu bezahlen seien, da dies «öffentliche Gelder wären, welche der Gesellschaft gehörten».

Die Reformer hatten auch die Absicht, die Armee nur noch zum Schutz nach innen zu verwenden. Kursachsen sollte auf seine bisherige Rolle als «europäische Macht» verzichten und dafür einen Weg des wirtschaftlichen Aufstiegs einschlagen, der die Emanzipation des Bürgertums und die Entwicklung zur mittleren Macht einschloß. Auch der Gedanke kam wieder auf, für Schutz und Sicherheit des Landes eine Miliz aufzustellen. Das wurde jedoch nicht realisiert. Dafür sollten die Truppenteile des stehenden Heeres nur die innere Sicherheit gewährleisten und deshalb reduziert werden.

Die sächsische Armee bestand am 24. Juni 1763 aus 13 Infanterie- und 12 Kavallerieregimentern. Eine Musterung im Jahre 1766 ergab einen Bestand von 9842 Mann Fußtruppen, davon 651 Offiziere. Bei den Mannschaftsdienstgraden waren 1254, bei den Offizieren 162 Ausländer. Die Kavallerie hatte 4810 Mann eingestellt, davon 336 Offiziere. Der Anteil der Ausländer in der Kavallerie betrug 118 Offiziere und 924 Mann. Die gesamte Kavallerie verfügte nur über 2434 Pferde.

Der Etat der Artillerie umfaßte 1158 Mann mit 63 Offizieren, 12 Mineuren und 32 Pontonieren. Die Garnisontruppen waren 477 Mann stark und auf die Orte Königstein, Waldheim, Barby und Meißen aufgeteilt.

Im Jahre 1768 umfaßte die Armee bei der Infanterie bereits wieder 16449 Mann, davon 1215 Ausländer. Zur Artillerie gehörten 1238 Mann, davon 308 Ausländer. Die Gesamtstärke von 23567 Mann beinhaltete 3050 Ausländer.

Seit dem 1. Juli 1766 gab es eine Artillerieschule, um die wissenschaftlichen Erkenntnisse besser in die Ausbildung einführen zu können. In Zukunft sollte niemand mehr befördert werden, der nicht ein Examen in der Theorie und Praxis der «Artilleriewissenschaft» abgelegt hatte. Der Einsatz von Ausländern in der Artillerie wurde ausdrücklich verboten. Die Garnisonen der Artillerie waren in Freiberg, Frankenberg, Nossen und Pirna. Jeweils eine Kompanie der 2 Artilleriebataillone verrichtete im Hauptzeughaus in Dresden Dienst. Für die Artillerie waren 69 Geschütze geplant, die aber nur zum Teil vorhanden waren.

Im März 1765 wurden für große Teile der Armee neue Uniformen ausgegeben und auch Änderungen befohlen. Die Infanterie erhielt durchgängig weiße Uniformen mit farbigen Aufschlägen sowie gelb- oder weißmetallenen Knöpfen. Die Leibgrenadiergarde behielt ihre roten Röcke bei. Die vorgeschlagenen blauen Röcke wurden nicht eingeführt, wahrscheinlich wegen einer verständlichen Aversion gegen das Blau der preußischen Infanterieröcke.

Die Kavallerie führte paillefarbene Röcke bei den Karabiniers, rote Kolletts bei den Albrecht- und Renard-Chevaulegers sowie grüne bei den Kurland-Chevaulegers ein. Auch die Sacken-Dragoner erhielten rote Kolletts. Die Röcke der Artillerie blieben grün. Ab 1. Januar 1767 wurden für das Regiment Kurland ebenfalls rote Kolletts eingeführt. Seit dem 17. Mai 1766 erhielten die sächsischen Generale statt der roten erstmalig blaue Uniformen. Im Jahre 1768 wurde der St. Heinrichsorden erneuert. Es erfolgte die Bestimmung zum Militärorden und die Veränderung des Ordenszeichens. Das bisherige rotsilberne Band wurde durch ein hellblau-zitronengelbes ersetzt und auch die polnischen Adler sowie die Initialen «August III.» fielen weg. Der vom Prinzen Xaver erneuerte Orden erhielt durch ein Handschreiben des Kurfürsten Friedrich August III. im Jahre 1796 seine Bestätigung. Der junge Kurfürst Friedrich August III. trat am 15. September 1768 die Regierung an.

Im Jahre 1770 wurden als Einsparungsmaßnahmen die Formationsstärken bei Mannschaften und Pferden verringert. Am 1. Februar 1771 wurde die Mineurkompanie aus gleichen Gründen aufgelöst. Eine weitere Einsparungsmöglichkeit sah man im Wegfall aller Truppenbewegungen zu Musterungen an einen anderen Ort.

In einer Verordnung vom 25. Juli 1771 verfügte der Kurfürst abermals eine einschneidende Verringerung an Personal und Pferden. Ein Kavallerieregiment verfügte demnach nur noch über 423 Mann und 369 Pferde. Weitere Einschränkungen trafen auch die Artillerie und die Infanterie einschließlich der Leibgrenadiergarde.

Im Oktober 1773 hatte in den 11 vorhandenen Kavallerieregimentern nur noch jeder zweite Mann ein Pferd. Insgesamt gesehen wurde die Armee um 7740 Mann reduziert, der Anteil an Ausländern verringerte sich gleichfalls auf nur noch 17 Offiziere und 1069 Mannschaften und Unteroffiziere.

Nach dem Tode des Generalfeldmarschalls Chevalier de Saxe am 25. Februar 1774 wurde die Armee mit Wirkung vom 1. Januar 1775 in 4 Generalinspektionen eingeteilt – zwei für die Kavallerie und zwei für die Infanterie.

In den Jahren 1776 und 1777 fanden wieder Musterungen statt, verbunden mit größeren Truppenübungen der Infanterie. Die Kavallerie beteiligte sich an den Übungen nur in Eskadronstärke.

Eine neue Formierung der Armee wurde 1778 befohlen. Die Infanterieregimenter hatten ihr drittes Bataillon aufzulösen und damit die übrigen Bataillone aufzufüllen, so daß eine Kompanie nunmehr eine Stärke von 124 Mann hatte. Die Kavallerie wurde auf 8 Regimenter verringert. Zur Erhöhung der Kampfkraft der Infanterie wurden jedem Bataillon zwei Geschütze zugeteilt.

Im bayrischen Erbfolgekrieg von 1778 bis 1779 kämpfte die Armee auf der preußischen Seite. Die Truppen waren dem Befehl des preußischen Königs unterstellt. Den sächsischen Generalen verblieb nur die Ausübung der sächsischen Militärgerichtsbarkeit.

Am 25. September 1778 kam das kurz zuvor erstmals aufgestellte Feldjägerkorps in einer Stärke von 498 Mann zum Gefechtseinsatz. Wie das preußische Vorbild bestand das sächsische Korps aus gelernten Jägern und Scharfschützen, die alle sächsische Staatsbürger waren.

Mit dem 1. Juni 1779 wurde ein Kavallerieinspektorat aufgehoben. Die drei verbliebenen erhielten ihren Sitz in Dresden. Von 1780 bis 1785 wurden, nachdem der Etat der Infanterieregimenter mehrfach erhöht worden war, wieder Kompaniestärken von 130 Mann erreicht. Bei der Kavallerie erhielt jedes Regiment 85 Mann mit Pferd zugeteilt. Einer weiteren Etaterhöhung der Infanterie um 10 Mann je Kompanie mit dem 1. Mai 1789 folgte am 20. Mai desselben Jahres die Auflösung des Feldjägerkorps.

Da man offensichtlich die Einsatzmöglichkeiten von Husarentruppen für erfolgversprechend hielt, sah die Verfügung vom 4. November 1790 die Errichtung eines Husarenregimentes vor.

Der Aufstellungsbefehl wurde am 10. Juli 1791 erlassen. Die Aufstellung erfolgte am 1. Oktober desselben Jahres. Geplant war das Regiment mit 8 Eskadrons und Stab in einer Gesamtstärke von 1048 Mann und 1000 Pferden. Zur Zeit der Aufstellung mußten die bestehenden Kavallerieregimenter Mannschaften und Pferde abgeben, so daß eine vorläufige Stärke von 508 Mann mit 502 Pferden erreicht wurde. Die anderen Regimenter gaben für das Husarenregiment jeweils die körperlich kleinsten Kavalleristen ab.

Das neu aufgestellte Regiment wurde in Radeberg, Bischofswerda, Königsbrück, Pulsnitz, Hoyerswerda und in Ruhland garnisoniert und kam dann im April 1792 in Garnisonen der Thüringer Kreise. Den kompletten Mannschaftsbestand hatte das Regiment erst 1797 aufzuweisen.

Von 1780 an wurden bis zum Beginn der Koalitionskriege gegen Frankreich alljährlich Truppenkonzentrationen mit Übungen in der Umgebung der Ortschaften Großenhain, Mühlberg und Staucha sowie bei Leipzig und Dresden durchgeführt. Ab 1788 fanden solche Übungen im Herbst statt, bis dahin immer im Frühjahr.

Die vierzehntägigen großen Truppenübungen wurden in den Truppenteilen etwa 2 1/2 Monate vorher durch Einberufung der Beurlaubten vorbereitet. Die Beurlaubten verblieben vorerst vier Wochen im Bataillon und erhielten eine Grund- und Exerzierausbildung im Rahmen der Kompanieausbildung. Nach dieser Ausbildung wurde das vierzehntägige Lager abgehalten. Nur während der drei Ausbildungsmonate des Jahres verfügten die Formationen über den vollen Etat. Während der übrigen neun Monate waren umfängliche Beurlaubungen üblich. Ab 1787 wurden wieder zweiseitige Manöverhandlungen durchgeführt. Der Manöverablauf war den Parteien genau vorgeschrieben. Eigenmächtigkeiten waren den Kommandeuren untersagt.

Auf kurfürstlichen Befehl wurden vom 2. bis 7. Oktober 1780 auf der Festung Königstein Schießübungen mit den Festungsgeschützen durchgeführt.

Die weitestentfernte Scheibe von insgesamt drei Stück befand sich am Lilienstein. Diese Übungen ergaben neue Erkenntnisse über die Sicherung des Elbflusses. Man gewann die Überzeugung, daß die Elbe von der Festung aus wirksam beschossen werden könnte. Transportschiffe wären dadurch erfolgreich zu bekämpfen. Dies war bis dahin immer bestritten worden.

Die Ausbildung im Kadettenkorps war vor allem auf die Exerzierausbildung und auf körperliche Übungen ausgerichtet. Der theoretische Unterricht genügte keineswegs den Anforderungen an künftige Offiziere der Armee.

Als weiterer Mangel zeigte sich die ausschließliche Orientierung in der Exerzierausbildung auf Belange der Infanterie. Keineswegs günstig wirkte sich auch aus, daß die Kadetten aus wirtschaftlichen Gründen bis zu vier und fünf Monate jährlich beurlaubt wurden.

Das Kurfürstentum Sachsen und seine Armee um 1791

Das vorliegende Werk setzt mit dem Jahr 1791 ein. Zu dieser Zeit waren in Sachsen die epochalen Veränderungen von 1789 nur angeklungen. Im Jahre 1790 hatten sich die Bauern der Meißner Umgebung gegen ihre Gutsherren erhoben, weil diese die Dienstforderungen so überzogen, daß kaum Zeit für eigene Arbeit frei blieb. Gleicher ökonomischer Druck lastete auf dem größten Teil des Volkes.

Im damaligen Heiligen Römischen Reich Deutscher Nation hatten die Fürsten des Reiches in absolutistischer Machtfülle eigene Steuerrechte, eigenes Münzwesen, eigene Rechtssprechung und eigene Armeen. Als ihnen der Kaiser, der von den Kurfürsten gewählt wurde, auch das Recht zugestehen mußte, Bündnisse einzugehen, hatte das im 18. Jahrhundert zur Folge, daß sich die Reichsfürsten mit ausländischen Mächten verbündeten und Krieg gegen Kaiser und Reich zur Stärkung ihrer Hausmacht führten. Die Abhängigkeit des Reichsoberhauptes von den Kurfürsten und Ständen wurde immer größer, die Macht des Kaisers immer weiter beschränkt. Auch das Haus Habsburg verfolgte die eigenen Hausinteressen vor denen des Reiches.

Sachsen befand sich zu dieser Zeit bereits in politischer Zweitrangigkeit. Kurfürst Friedrich August III. lehnte sich in der Außenpolitik an Preußen an, da eine Annäherung an Österreich wegen dessen territorialem Anspruch auf sächsisches Grenzgebiet nicht in Frage kam.

Im Jahre 1785 trat der sächsische Kurfürst dem Deutschen Fürstenbund bei und führte 1790 und 1792 das Reichsvikariat. Dem preußisch-österreichischen Bündnis gegen das revolutionäre Frankreich trat Sachsen nicht bei. Es erfüllte seine Pflicht als Mitglied des Bundes nur durch die Stellung eines sächsischen Truppenkontingents im

Krieg gegen Frankreich. Im Jahre 1793 nahmen aber sächsische Truppen an der Niederschlagung der Mainzer Republik teil. 1795 kämpfte auch Sachsen im Bündnis mit Österreich gegen Frankreich, und 1796 schloß Friedrich August III. einen Waffenstillstands- und Neutralitätsvertrag mit Frankreich.

Die Kriege, die Sachsen führte, hatten stets für das Volk schwerste soziale und wirtschaftliche Folgen.

Wie in allen anderen deutschen Staaten waren die gesellschaftlichen Verhältnisse in Sachsen voller Gegensätze, die schärfsten bestanden zwischen Adel und Bauern. Die Widersprüche auf sozialem, politischem und kulturellem Gebiet waren tiefgreifend.

Unter dem Einfluß progressiver Kräfte wurde nach dem Siebenjährigen Krieg in Sachsen versucht, durch Reformen den Staat zu erneuern. Besondere Förderung erfuhren der Handel, die Wirtschaft und das Bildungswesen. Die Staatsverwaltung wurde geordnet und der außenpolitische Kurs geändert. Unmittelbaren Nutzen davon hatten das Bürgertum und Teile des Adels als kapitalistische Unternehmer. Nach wechselvoller Entwicklung im 18. Jahrhundert konnte dieser bedeutende deutsche Territorialstaat nunmehr ausgebaut und gefestigt werden.

Verdienste gebühren den sächsischen Kurfürsten im 18. Jahrhundert als Förderer auf dem Gebiet der Kultur und Kunst. Von ihren Aufträgen lebte eine große Anzahl von Künstlern, Kunsthandwerkern, Manufakturarbeitern und sonstigen Beschäftigten. Bis ins 19. Jahrhundert hinein blieben Handwerk und Kunsthandwerk als Einheit verbunden, und das handwerkliche Können war einer der Gradmesser der Landeskultur. Charakteristisch für die sächsischen Handwerker war die Übernahme von Schmuckformen anderer deutscher Landschaften oder teilweise des europäischen Auslands. Dabei waren sie stets bemüht, deren Leistungen zu übertreffen und durch eigenes Formfinden zu vervollkommnen, um ihren Erzeugnissen auch den Weg ins Ausland zu bahnen. Die sächsische Handwerkskunst prägte die Wohn- und Lebenskultur des Adels, des Bürgertums und wirkte bis in die dörfliche Gemeinschaft hinein. Sie war auch bestimmend für die wesentlichen äußeren Merkmale der gesamten sächsischen Armee. In der Regel stellten die Manufakturen und Gewerke die Uniformen, Ausrüstungsgegenstände sowie die Bewaffnung her. Die dazu erforderlichen Musterzeichnungen und Konstruktionsunterlagen fertigten sächsische Künstler, Techniker und Handwerksmeister.

Die Armeen im ausgehenden 18. Jahrhundert sind in ihren Führungsprinzipien, Strukturen und in ihrer Organisation wie auch in ihrem äußeren Erscheinungsbild miteinander vergleichbar, sie weisen neben wenigen Besonderheiten noch viele Gemeinsamkeiten auf.

Das Bild der Heere wurde unter anderem durch ökonomische und soziale Bedingungen, bestehende politische Anschauungen und eingegangene Bündnisse – aber auch nicht unwesentlich von persönlichen Ansichten des regierenden Fürsten geprägt.

Mit dem vorgestellten Werk soll das kurfürstlich-sächsische Heer in seiner landschaftlichen Umgebung bis ins Detail gehend erläutert und damit ein Beitrag zum besseren Verständnis dieser Zeit und ihrer Menschen geleistet werden.

Die Heeresorganisation

Die höchste taktische Formation in der kurfürstlich-sächsischen Armee bildete das Regiment. Die Divisionsstruktur wurde erst nach 1810 eingeführt und bestand dann aus Truppenteilen verschiedener Waffengattungen. Die Regimenter hatten sich durch Werbung in einem zugewiesenen Werbebezirk innerhalb der sächsischen Territorialstruktur zu ergänzen. In den Truppenteilen und Stäben dienten nur wenige Ausländer. Eine soziale Versorgung der aus dem Dienst ausscheidenden Soldaten gab es noch nicht, nur bei Offizieren und Unteroffizieren war das teilweise gewährleistet. Halbinvaliden wurden zum Teil in den bestehenden Halbinvalidenkompanien zum Wachdienst eingesetzt. Sowohl die Verpflegung als auch die Besoldung der Armeeangehörigen waren mangelhaft und unzureichend. Erst um 1804 wurde die Löhnung der Soldaten geringfügig erhöht. Die Unterbringung der Soldaten war äußerst ungenügend. Da nicht ausreichend Kasernen zur Verfügung standen, wurden in Bürgerhäusern kaum nutzbare Massenquartiere eingerichtet. Während der Koalitionskriege konnte von dem aufgestellten Fuhrpark die Versorgung der Truppen aus den Magazinen nicht ausreichend und in der erforderlichen Zeit sichergestellt werden. Unzureichend waren auch die Bekleidung und die Ausrüstung des Soldaten. Die Finanzbehörden stellten zwar dafür Material und auch Geldmittel zur Verfügung, der jeweilige Kompaniechef jedoch verwaltete selbständig alle Finanzen seiner Kompanie und mußte für die Herstellung fast aller Bekleidungs- und Ausrüstungsstücke sorgen. Das wurde in allen Armeen des

18. Jahrhunderts so gehandhabt. Diese Kompaniewirtschaft führte in der Regel zu einem finanziellen Vorteil des Kompaniechefs.

Die Tragezeit der Bekleidungsstücke war reglementiert. Sie betrug zum Beispiel für Rock und Weste 3 Jahre, für Hosen, Halsbinde und Hut 2 Jahre, für das Hemd 1 Jahr, für Stiefel, Schuhe und Strümpfe sowie Gamaschen 4 Jahre und bei dem Kavalleriemantel 8 Jahre. Waren neue Bekleidungsstücke ausgegeben worden, trugen die Soldaten die älteren noch für Kasernendienst und Tätigkeiten außerhalb der Dienstzeit weiter.

Für die Mannschaften gab es nur zwei Uniformarten – die Parade- und die Dienstuniform. Entsprechend der umfangreicheren Ausstattung mit Uniformstücken hatten die Generale und Offiziere weitere Möglichkeiten, Anzugsarten zusammenzustellen, die teilweise in der Gegenwart nicht mehr gebräuchliche Benennungen erhielten wie tägliche Uniform, Galauniform, Uniform außer Dienst und andere. Bei den Offiziersdienstgraden ist die allgemeine zum Dienst getragene Uniform als Interims- oder Dienstuniform bezeichnet worden.

Das Militärjustizwesen der kurfürstlich-sächsischen Armee bestand aus dem Generalkriegsgericht, den Generalstabsgerichten, dem Gouvernementskriegsgericht Dresden, den Hauptzeughaus- und Artilleriekriegsgerichten und den Kriegsgerichten der Regimenter.

Das Generalkriegsgericht war die höchste Instanz. Diesem Gericht stand der Feldmarschall oder ein kommandierter General vor. Die Militärjustiz wurde durch den Generalauditeur vertreten, dem als Unterstützung ein oder mehrere Generalauditeurleutnants beigegeben waren.

Dem Generalauditeur unterstand auch der Generalgewaltige, der im Kriegsfalle die Polizeigewalt bei den Truppen auszuüben hatte.

In diesem Zusammenhang sei darauf verwiesen, daß der Gouverneur von Dresden die kommunale Polizei kontrollierte. Dazu gehörte weiterhin, die Sicherheit und Ordnung in der Stadt, die Aufsicht über das Einwohner-, Fremden- und Handwerkerwesen sowie die Reinhaltung der Straßen und Plätze und die Ausbesserung der öffentlichen Straßen zu gewährleisten. Die Auditeure und die Militärärzte waren Beamte, gewöhnlich dem Offiziersrang entsprechend. In etwa entsprachen die obersten Militärärzte dem Range eines Majors, die Regimentsärzte dem eines Hauptmanns und die Bataillonsärzte dem der Leutnante. Die Kompanieärzte waren noch den Unterführern gleichgestellt. Analog dieser Regelung waren auch die anderen Beamten, wie etwa die der Feldpost oder die Quartiermeister, zu- und eingeordnet. Vorgenannte hatten eine rangmäßige Entsprechung der unteren Offiziersdienstgrade, die Proviantmeister, Wagenmeister und Schirrmeister wurden als Beamte den Unterführern gleichgestellt.

Alle die Armee betreffenden Entscheidungen traf der Kurfürst selbst. Regimentskommandeure konnten Gesuche direkt an den Kurfürst richten. Einen Generalstab gab es noch nicht. Bestimmte Planungs- und Führungsaufgaben sind von den Offizieren à la suite, den zugeteilten und kommandierten Offizieren und von Beamten ausgeführt worden. Die Ausbildung und die Organisation der jeweiligen Truppenteile leiteten und kontrollierten Generalinspektorate als oberste Aufsichtsbehörde.

Für die Heeresverwaltung, Verpflegung, Uniformierung und Ausrüstung war ein geheimes Kriegsratskollegium mit einem General als Präsidenten eingesetzt. Die Disziplinar- und Justizangelegenheiten fielen in die Zuständigkeit eines Generalkriegsgerichtskollegiums. Zu allen weiteren militärischen Angelegenheiten in weitester Form wurde der Kurfürst von einem Militärdepartement des Geheimen Kabinetts beraten. Dem Kurfürsten unterstanden persönlich die sogenannten eximierten Korps. Zu ihnen gehörten: Garde du Corps, Kadettenkorps, Ingenieurkorps, Feldartilleriekorps mit der Pontonierkompanie, Hausartilleriekompanie, Leibgrenadiergarde und Schweizerleibgarde.

Die Uniformen der sächsischen Generale

Alle Generaldienstgrade trugen einen dunkelblauen Rock mit gleichfarbigen Aufschlägen, Kragen und Unterfutter. Weste und Hose waren rot, Rock und Weste mit Goldfaden bestickt. Durch die Art und den Umfang der Stickerei konnten die jeweiligen Dienstgrade unterschieden werden. Alle Generaldienstgrade hatten goldene Knöpfe. Die Generale der Infanterie und der Kavallerie trugen die gleiche Uniform, nur die Hüte der Kavalleriegenerale besaßen einen weißen Federstutz.

Die Abzeichen der Generalität

Generalfeldmarschall	Epauletten aus 5 Goldstreifen und Fransen, breite gestickte goldene Litze (breiter als bei Generalsrängen)
General	Rock und Weste haben, auch auf den Aufschlägen und Taschen, eine Vor-

	derkantenbestickung sowie eine schmale und eine breite goldene Litze, die Kante und die Litze sind gezackt, der Kragen weist nur eine goldene Kante und schmale Litze auf
Generalleutnant	wie General, aber keine gezackte Kante
Generalmajor	nur Vorderkantenbestickung und breite goldene Litze

(An der täglichen Uniform trugen die Generale nur eine schmale Stickerei.)

Die Uniformen der Generaladjutanten

Die Adjutanten trugen die gleichen Röcke wie die Generale, jedoch nur schmale Goldstickerei an Rock und Weste, auf beiden Schultern gestickte goldfarbige Epauletts mit Fransen. Der Rock der Interimsuniform war mit einer goldenen Rundschnur und die Weste mit goldenen Tressen eingefaßt.

Das Gouvernement und die Kommandantur in Dresden
1 Gouverneur und Oberkommandant von Dresden und Neustadt
1 Kommandant von Neustadt
1 Gouvernementsadjutant
1 Platzmajor
1 Stadtmajor
1 Platzadjutant
3 Instruktionsoffiziere (Sie hatten die jüngeren Offiziere der Garnison in den militärischen Wissenschaften auszubilden.)
1 Regimentsschultheiß
1 Gouvernementssekretär
1 Garnisonprediger
1 Regimentsaktuarius (Gerichtsschreiber)
2 Gouvernementskopisten
1 Gerichtswaibl (Bote)
insgesamt: 16 Mann

Leipzig
1 Gouverneur
1 Gouvernementsadjutant
insgesamt: 2 Mann

Die Uniform der Gouvernements- und Kommandanturoffiziere bestand aus dunkelblauen Röcken mit Kragen und Aufschlägen in gleicher Farbe. Dazu wurden rote Westen und Hosen getragen. Die Knöpfe waren weißmetallen (silberfarben), die Westen hatten silbernen Tressenbesatz. Die Gouvernementsadjutanten hatten statt der Tressen einen silbernen Rundschnurbesatz. Sie trugen wie der Platzmajor und dessen Adjutant nur ein silbernes Epaulett. Breite silberne gestickte Schleifen und Litzen schmückten die Galauniform.

Das Kadettenkorps

Wie bereits an anderer Stelle erwähnt, erfüllte die Erziehungsanstalt junger Offiziere die an sie gestellten Forderungen nicht, wenn auch nach 1798 eine straffere Führung der Lehranstalt einsetzte. Danach wurde die bis dahin sehr großzügig gewährte Beurlaubung auf kurze Zeitdauer beschränkt und das Ausbildungsprogramm, besonders in den wissenschaftlichen Disziplinen, erweitert.

Etat der Kadetten 1791
Stab:

1 Kapitän	2 Sousleutnante
1 Kapitänleutnant	1 Fähnrich
1 Premierleutnant	insgesamt: 6 Mann

Kompanie:

1 Auditeur	8 Hoboisten
1 Oberfeldscher	1 Querpfeifer
1 Sergeant	3 Tamboure
1 Gefreitenkorporal	110 Kadetten
1 Fourier	1 Profoß
1 Musterschreiber	1 Friseur
1 Kapitän d' Armes	2 Krankenwärter
10 Korporale	insgesamt: 143 Mann

Lehrer
1 Professor der Sittenlehre und Geschichte
1 Direktor und Lehrer der Fortifikation
2 Kondukteure (untere Ingenieur- beziehungsweise Artillerieoffiziere)

2 Sprachmeister	2 Fechtmeister
1 Zeichenmeister	2 Tanzmeister
1 Schreibmeister	insgesamt: 12 Mann

Zur Kadettenuniform
Die Abzeichenfarbe der Kadetten war weiß. Die Röcke waren scharlachrot, die Westen, Hosen und Gamaschen ebenfalls weiß – sie hatten auch weißmetallene Knöpfe. Auf dem Rock wurden zwei silberne Epauletten getragen, die Tressen an den Hüten waren gleichfalls silberfarben. Die Unterführer und Offiziere hatten noch weißen Federschmuck am Hut. Silberne Schleifen dekorierten die Aufschläge, Rabatten und Taschen der Offiziersstücke, ebensolche Tressen die der Unteroffiziere.

Zum täglichen Dienst trugen die Offiziere rote Fracks mit weißen Kragen, Westen und Aufschlägen, die Unterführer und Kadetten aber ganz rote Fracks mit roten Tuchknöpfen. Bei den Unterführern war außerdem auf der Weste eine schmale silberne Tresse angebracht.

Die Infanterie

Die Strukturen der Heere deutscher Staaten wiesen Unterschiede auf. Die preußischen Infanterieregimenter bestanden aus 3 Bataillonen, die kurfürstlich-sächsischen aus nur 2 Bataillonen.

Zur Infanterie gehörten die Leibgrenadiergarde, 12 Feldinfanterieregimenter, 1 Garnison- und 3 Halbinvalidenkompanien.

Etat der Leibgrenadiergarde
Stab:

1 Chef	1 Oberfeldscher
1 Oberst	2 Fahnenjunker
1 Oberstleutnant	8 Hoboisten
2 Majore	1 Regimentstambour
1 Oberquartiermeister	18 Pfeifer
2 Adjutanten	1 Profoß
1 Oberauditeur	1 Knecht
1 Regimentskaplan	insgesamt: 42 Mann

bei den 10 Kompanien waren:

5 Kapitäne (Hauptleute)	10 Feldschere
5 Stabskapitäne	60 Korporale
10 Premierleutnante	20 Tamboure
10 Sousleutnante	10 Zimmerleute
30 Sergeanten	700 Grenadiere
10 Fouriere	insgesamt: 870 Mann

Gesamtstärke der Leibgrenadiergarde: 912 Mann

Die Uniform der Leibgrenadiergarde bestand aus roten Röcken mit gelben Kragen, Rabatten, Aufschlägen, Futter und Westen, dazu weißmetallene Knöpfe. Die Hosen waren weiß, zur Gala- und Revueuniform wurden weiße Gamaschen, sonst schwarze getragen. Das ganze Regiment führte Epauletten – die Offiziere silberne, die Sergeanten und Korporale rotsilberne und die Grenadiere solche von weißer Kordel.

Die Offiziersuniform hatte silberne gestickte Einfassungen auf dem Kragen, an den Rabatten und auf den Taschen. Auch die Weste der Stabsoffiziere war bestickt. Zum Exerzierdienst trugen die Offiziere rote Fracks mit gelben Kragen, Aufschlägen und Westen mit nur schmaler silberner Tresse. Das ganze Regiment hatte Bärenfellmützen von rotbrauner Farbe, die Offiziere mit emaillierten und vergoldeten Schildern sowie silbernen Schnüren und Quasten, die Unterführer und Grenadiere mit gelben Schildern und wollenen weißen Schnüren und Quasten. Außer Dienst hatten die Offiziere Hüte mit weißen Federn und silbernen Tressen, die Unterführer Hüte mit silbernen Tressen und die Grenadiere Hüte mit weißer Borte. Die Offiziere und Unterführer des Regimentes waren mit Steinschloßgewehren und Patronentaschen ausgerüstet.

Die Infanterieregimenter
Jedes Infanterieregiment bestand aus dem Stab, 2 Grenadier- und 8 Musketierkompanien. Die 8 Musketierkompanien wurden in 2 Bataillone zu je 4 Kompanien formiert. Im Kriegsfall und bei Revuen beziehungsweise Manövern bildeten die zwei Grenadierkompanien von 2 Regimentern ein selbständiges Bataillon.

Der Etat der Infanterieregimenter
Stab:

1 Chef	1 Auditeur
1 Oberst	1 Regimentsfeldscher
1 Oberstleutnant	2 Fahnenjunker
2 Majore	1 Stabsfeldscher
1 Regimentsqartiermeister	1 Profoß
2 Adjutanten	1 Knecht
	insgesamt: 15 Mann

die 10 Kompanien	7 Kapitäne
(2 Grenadier- und	3 Stabskapitäne
8 Musketierkompanien)	10 Premierleutnante
hatten:	

12 Sousleutnante	30 Tamboure
8 Fähnriche	20 Pfeifer
30 Sergeanten	20 Zimmerleute
10 Fouriere	280 Grenadiere
10 Feldschere	1120 Musketiere
80 Korporale	insgesamt: 1640 Mann

Alle Infanterieregimenter hatten Röcke, Westen und Hosen von weißem Tuch, auch das Futter der Röcke war weiß. Die schwarzen Tuchgamaschen waren mit gelbmetallenen Knöpfen besetzt. Jeweils zwei Regimenter hatten gleiche farbige Aufschläge an der Uniform und unterschieden sich nur durch die Knopffarbe (weiß oder gelbmetallen). Die Hüte der Offiziere waren nach der Knopffarbe mit silberner oder goldener Tresse eingefaßt, die Hüte der Mannschaften aber stets mit einer schmalen weißen Borte. Weiterhin war auf dem Hut der Mannschaften ein weißer Büschel angebracht, mit einer Füllung in der Farbe der jeweiligen Regimentsborte. Die Offiziere der sächsischen Infanterie hatten schwarze und die Unterführer und Mannschaften rote Halsbinden. Die Grenadiere trugen Bärenfellmützen, gewöhnlich wurden dazu andere Felle oder Fellimitationen verwendet, mit gelben Schildern. Die Schnüre und Quasten der Offiziersmützen waren in der Knopffarbe silbern oder golden gehalten. Außerdem trugen die Grenadieroffiziere auch Epauletten. Die Mannschafts- und Unterführermützen hatten grundsätzlich weiße Schnüre und Quasten mit einer Füllung in der Farbe der jeweiligen Regimentsborte.

Den täglichen Dienst verrichteten die Offiziere in grauweißen Fracks mit Aufschlägen und Kragen in der Abzeichenfarbe des Regiments. Als Waffen hatten die Grenadieroffiziere Steinschloßgewehre, die Musketieroffiziere nur Degen und die Unterführer Kurzgewehre und Pistolen in der persönlichen Ausrüstung. Die Seitenwaffen der Grenadiermannschaften und Unterführer bestanden aus Säbeln, bei den Musketiermannschaften und Unterführern aus Pallaschen. Die Handfeuerwaffe der Mannschaften war das Steinschloßgewehr.

Die Abzeichen- und Knopffarben der Infanterieregimenter

1. Rgt. Kurfürst	krapprot-gelb	1791–1802
2. Rgt. von Langenau (Generalmajor aus dem Winkel)	krapprot-weiß	(ab 1794)
(Generalmajor von Sänger)		(ab 1798)
3. Rgt. Prinz Clemens	dunkelblau-gelb	
4. Rgt. Prinz Anton	dunkelblau-weiß	
5. Rgt. Xaver	hellblau-gelb	
6. Rgt. Generalmajor von Wolffersdorf	hellblau-weiß	
(Generalmajor von der Heyde)		(ab 1791)
7. Rgt. Prinz Maximilian	gelb-gelb	
8. Rgt. Generalmajor von Boblick	gelb-weiß	
(Generalmajor von Bomsdorff)		(ab 1792)
(Generalmajor von Nostitz)		(ab 1794)
9. Rgt. Generalmajor von Zanthier	grün-gelb	
(Prinz Friedrich August)		(ab 1794)
10. Rgt. Prinz Adolph Johann von Sachsen-Gotha	grün-weiß	
(Generalmajor von Low)		(ab 1799)
11. Rgt. Generalmajor von Lindt	purpurrot-gelb	
12. Rgt. Generalmajor von Hartitzsch	purpurrot-weiß	
(Generalmajor von Wiedemann)		(ab 1794)
(Generalmajor von Niesemeuschel)		(ab 1795)

Die Garnison- und Halbinvalidenkompanien Königstein Kommandantur:

1 Kommandant	1 Garnisonprediger
1 Unterkommandant	1 Proviantverwalter und Bauschreiber
1 Schießkapitän	1 Festungsregistrator
1 Garnisonmedikus	

1 Garnisonchirurgus	1 Feuermauerkehrer
1 Festungswachtmeister	1 Brunnensteiger
1 Garnisonkantor	insgesamt: 12 Mann

Garnison:

1 Kapitän	10 Korporale
1 Premierleutnant	4 Tamboure
2 Sousleutnants	10 Zimmerleute
1 Fähnrich	156 Musketiere bzw. Halbinvaliden
4 Sergeanten	1 Profoß
1 Fourier	1 Knecht
1 Feldscher	insgesamt: 193 Mann

Eisleben	*Waldheim*	*Barby*	
–	1	–	Kommandant
1 gleichzeitig Kommandant	1	1	Kapitän
1	1	1	Premierleutnant
2	2	2	Sousleutnante
1	–	–	Aktuarius
3	4	3	Sergeanten
1	1	1	Fourier
2	1	1	Feldscher
8	10	6	Korporale
2	4	3	Tamboure
2	–	2	Zimmerleute
96	150	100	Halbinvaliden
1	1	1	Knecht
insgesamt: 120 Mann	176 Mann	121 Mann	

Die Uniform bei allen Halbinvalidenkompanien bestand aus weißen Röcken, Westen und Hosen, auch das Futter war weiß. Die Offiziere trugen an Kragen, Rabatten und an den Aufschlägen schwarzen Plüsch, die Unterführer und Mannschaften schwarzes Tuch. Die Hüte wurden bei den Offizieren und Unterführern mit silberner Tresse eingefaßt, die Hüte der Mannschaften mit weißer Borte.

Die Kavallerie

Die Kavallerie bestand aus 4 schweren und 5 leichten Regimentern und hatte damit im Vergleich zu Preußen wesentlich weniger leichte Kavallerie. Die schwere Kavallerie ritt die gutgebauten großrahmigen Holsteiner und die Chevaulegers und Husaren robuste, ausdauernde und kleinere Pferde aus Polen und Rußland. Diese herdengezogenen Tiere kamen als Remonten, etwa vier- bis fünfjährig, zum Regiment und erhielten durch die Kavalleristen in einer relativ langen Dressur ihre Ausbildung zum Kavalleriepferd. Nach zeitgenössischen Urteilen war die kurfürstlich-sächsische Kavallerie sehr gut und beweglich ausgebildet. Die 9 Regimenter Kavallerie hatten 40 Schwadronen mit 6631 Mann und 6033 Pferden. Die Kavallerieattacke im 18. Jahrhundert wurde im scharfen Trab eröffnet, ging in einen gesammelten Galopp über, und der gewaltsame Zusammenstoß mit dem Gegner (Chok) ist in Karriere erfolgt.

Etat Garde du Corps 1791

Stab:

1 Chef	1 Oberfeldscher
1 Oberst	1 Stabsquartiermeister
1 Oberstleutnant	1 Pauker
1 Major	1 Stabsfeldschergeselle
1 Quartiermeister	1 Profoß
1 Adjutant	1 Knecht
1 Oberauditeur	insgesamt: 13 Mann

bei den 8 Kompanien je:

4 Rittmeister	8 Quartiermeister
4 Stabsrittmeister	8 Feldscher
8 Premierleutnante	28 Korporale
8 Sousleutnante	8 Trompeter
8 Wachtmeister	8 Schmiede
4 Standartenjunker	320 Reiter/Gardisten
	insgesamt 416 Mann

1792 erfolgten Veränderungen in der Struktur. Statt einem Major wurden zwei Majore eingestellt. Die vier Stabsrittmeister wurden durch Rittmeister ersetzt. Die Anzahl der Sousleutnante wurde von acht auf sieben reduziert.

Danach verfügte der Stab über 14 Mann und das Regiment über 415 Mann.

Die Uniformen

Die Paradeuniform bestand aus paillefarbenen Kolletts und aus weißen ungarischen Tuchhosen. Die Regimentsabzeichenfarbe auf Kragen, Aufschlägen, Futter und Westen war hellblau. Offiziere hatten breite goldene Tressen und Mannschaften und Unterführer gelbe Borten als Ausschmückung an der Uniform. Die Offiziere trugen weiße

Federstutze und goldene Tressen an den Hüten, die Mannschaften und Unterführer gelbe Borten.

Die weißen Exerzierkolletts hatten bei den Offizieren blauen Samtbesatz und bei den Unterführern und Mannschaften Bortenbesatz in Blau. Zu ungarischen weißen ledernen Hosen trug man blaufarbene Westen. Das Regiment hatte schwarze Hüte mit weißen Kokarden und Kordons. Die tägliche Uniform bestand aus roten Röcken mit hellblauen Kragen, Aufschlägen und Futter. Dazu gehörten bei den Offizieren paillefarbene Westen und Hosen und bei den Mannschaften und Unterführern weiße Hosen und gelbmetallene Knöpfe. Das Regiment war nicht mit Kürassen ausgestattet. Die weißen Mäntel mit hellblauen Kragen, bei den Offizieren mit einer goldenen Tresse eingefaßt, sind allgemein als Radmäntel bekannt.

Etat der Kavallerieregimenter (Karabiniers, Kürassiere, Chevaulegers)

Stab:

1 Chef	1 Regimentsfeldscher
1 Oberst	1 Stabsfourier
1 Oberstleutnant	1 Pauker o. Stabstrompeter
2 Majore	1 Roßarzt
1 Regimentsquartiermeister	1 Stabsfeldschergeselle
1 Adjutant	1 Profoß
1 Auditeur	1 Knecht
	insgesamt: 15 Mann

bei den 8 Kompanien je:

5 Rittmeister o. Kapitäne*	8 Standarten- oder Fahnenjunker
3 Stabsrittmeister o. Stabskapitäne*	8 Fouriere
8 Premierleutnante	8 Feldschere
16 Sousleutnante	40 Korporale
8 Wachtmeister	8 Trompeter
	8 Schmiede
	600 Mannschaften

insgesamt: 720 Mann

(* ab 1792 8 Rittmeister o. Kapitäne)

Karabiniersuniform

Zu paillefarbenen Kolletts wurden weiße lederne Hosen getragen. Die rote Regimentsabzeichenfarbe bestimmte Aufschläge, Kragen, Futter und Weste. Die Offiziere hatten als Ausschmückung breite goldene Tressen an der Uniform, die bei Mannschaften und Unterführern aus gelber Borte bestand. Die Hüte der Offiziere und Unterführer waren mit goldener Tresse eingefaßt, die Mannschaften hatten nur weiße Kokarden am Hut. Auch dieses Regiment besaß keine Kürasse. Die Mäntel, gleichfalls weiß, hatten einen roten Kragen. Zum Exerzieren zogen die Offiziere Kolletts mit rotem Abzeichenbesatz und außer Dienst weiße Röcke und paillefarbene Hosen an. Die Knöpfe an den Uniformen waren gelbmetallen und die Weste in der Abzeichenfarbe rot bei der Offiziersuniform.

Die Uniform des Kürassierregimentes Kurfürst

Die Uniform war identisch mit der des Regiments Karabiniers. Die goldenen Tressen der Offiziere wurden bei den Mannschaften und Unterführern durch gelbe Borten ersetzt. An den Hüten hatten Offiziere und Unterführer goldene Tressen und die Mannschaften nur weiße Kokarden. Auch die Kurfürst-Kürassiere trugen einen weißen Mantel mit rotem Kragen.

Das Exerzierkollett der Offiziere entsprach dem Paradekollett, nur außer Dienst wurde ein weißer Rock mit roten Aufschlägen sowie mit paillefarbener Weste und Hose getragen. Die Knöpfe an den Uniformen waren gelbmetallen.

Die Uniform des Kürassierregiments von Zezschwitz

Paillefarbene Kolletts mit hellgelben Kragen, Aufschlägen, Futter und Weste waren die Kennzeichnung des Regiments. Die Offiziere hatten silberne Tressen und die Mannschaften und Unterführer weiße Borten an den Kolletts. Die Hüte von Offizieren und Unterführern hatten silberne Tresseneinfassung. Die weißen Mäntel hatten einen hellgelben Kragen. Außer Dienst wurde von den Offizieren ein weißer Rock mit hellgelben Kragen, Aufschlägen und Futter sowie paillefarbener Weste und Hose und weißen Knöpfen getragen.

Die Uniformen der Chevaulegerregimenter

Die Röcke der Chevaulegerregimenter bestanden aus rotem Tuch und die Westen und Hosen aus paillefarbenem mit gelbmetallenen Knöpfen. Kragen, Rabatten und Aufschläge waren bei den Unterführern und Mannschaften aus Tuch und bei den Offizieren aus Plüsch gefertigt. Die Offiziere trugen 2 goldene Epauletten. Die Kragen der ebenfalls weißen Mäntel wurden in der Abzeichenfarbe gehalten. Eine Ausnahme bildet das Regiment von Gersdorff.

Die Hüte der Offiziere und Unterführer waren mit goldener Tresse eingefaßt, die Mannschaften hatten nur eine weiße Kokarde.

Die Abzeichenfarben der Chevaulegerregimenter (seit 1792)

Rgt. Herzog von Kurland	zeisiggrün
Rgt. Prinz Albrecht	dunkelgrün
Rgt. von Gersdorff	schwarz (Rockfutter paille seit 1790)
Rgt. Prinz von Sachsen/Weimar	hellblau

Etat des Husarenregiments
Stab:

1 Chef	1 Stabsfeldscher
1 Oberst	1 Stabsfourier
1 Oberstleutnant	1 Trompeter
2 Majore	1 Roßarzt
1 Regimentsquartiermeister	1 Sattler
2 Adjutanten	1 Büchsenmacher
1 Auditeur	1 Profoß
1 Regimentsfeldscher	insgesamt: 17 Mann

bei den 8 Eskadronen je:

8 Rittmeister	8 Fouriere
8 Premierleutnante	8 Feldschere
8 Sousleutnante	72 Korporale
8 Kornets	8 Vicekorporale
8 Wachtmeister	8 Trompeter
8 Sekondewachtmeister	8 Schmiede
8 Standartenjunker	880 Husaren
	insgesamt: 1048 Mann
	zusammen: 1065 Mann
	1002 Pferde

Die Husarenuniform

Die Husaren trugen blaue Pelze (pelzgefütterte Jacken) mit schwarzem Vorstoß, weißen Knöpfen, Borten und Schnüren. Der Pelz war bei den Unterführern schwarz und bei den Mannschaften weiß gefüttert. Der weiße Dolman (kurze, bis zur Taille gehende Jacke) hatte blaue Aufschläge, Borten und Schnüre sowie weiße Knöpfe. Die Husarenschärpe bestand aus roter Wollschnur mit weißen Feldern, bei den Offizieren war sie aus Seidenschnur und silbermetallenen Feldern. Es kamen sowohl ungarische lederne als auch weißtuchene Hosen vor. Die lederne Säbeltasche mit einem blauen Tuchdeckelbezug wies weiße Garnierung und Namenszug unter dem Kurhut auf. Die Filzmütze war schwarz, mit weißer Borte eingefaßt wie auch der Kordon und Federstutz, die Mäntel aus blauem Tuch. Die Offiziersuniform, in gleicher Ausführung wie die der Mannschaften und Unterführer, hatte silberne Tressen, Schnüre und Knöpfe. Die Mützeneinfassung zeigte abweichend schwarzes Samtband und außerdem einen silbernen Kordon. Außer Dienst trugen die Offiziere lange ungarische Röcke aus blauem Tuch mit kamelhärenen Borten, Schnüren und Knebeln sowie einen Hut wie die anderen Kavallerieoffiziere mit weißer Kokarde und Federstutz.

Die Artillerie

Zur Artillerie gehörte das Feldartilleriekorps, bestehend aus dem Feldartillerieregiment mit zwei Bataillonen, einer reitenden Batterie und der Pontonierkompanie. Weiterhin waren das Hauptzeughaus, die Artillerieschule und die Hausartillerieschule dem Feldartilleriekorps zugeteilt. Die reitende Batterie wurde im Mai 1806 aufgestellt, umfaßte 94 Mann mit 91 Pferden und erhielt den Personalbestand aus dem Artillerieregiment und von den leichten Reitern. Diese Formation existierte nur bis Ende des Jahres 1806, doch Reinhold hat dankenswerterweise die Angehörigen der Batterie trotzdem auf einem Blatt festgehalten.

Das Geschützmaterial der Artillerie bestand aus schweren und leichten, 8pfündigen und 4pfündigen Haubitzen. Weiterhin hatte man Mörser (Granatwerfer) von 16, 24, 32 und 48 Pfund in der Ausrüstung. Alle Geschütze waren gewöhnlich mit der sächsischen Richtmaschine ausgestattet, die ein leichteres und schnelleres Richten ermöglichte. Die Kanonen und Haubitzen hatten für den Transport als Sicherung einen sogenannten Mundpfropf (hölzerner Zylinder) im Rohr und die Mörser einen Munddeckel (aus Holz) über der Mündung. Vom Artilleristen wurden genaue Kenntnisse über Geschütze und Fuhrwerke verlangt. Grundsätzlich forderte man, daß er verschiedene Geschütze bedienen konnte. Auch die Reparatur von Fahrzeugen und die Herstellung von Munition gehörten zu seinen Aufgaben, ebenso die Fertigung von künstlichen Befestigungen und Anlagen. Die Artilleristen erhielten Unterweisung in der Theorie des Schießens und der Wirkungsweise der Geschosse. Einmal im Jahr fand ein praktisches Übungsschießen statt. Der gleichfalls notwendige Exerzierdienst beschränkte sich auf das abgespannte Geschütz und bezog nicht die ganze Batterie ein. Das konnte auch nicht geschehen, da die dazu notwendigen Pferdebespannungen nur im Kriegsfall eingezogen und auch erst dann die Batterien zusammengestellt wurden. Diese Handlungsweise war in allen zeitgenössischen Armeen üblich.

Die für den Transport des Geschützmaterials erforderlichen Zugpferde sind in der Regel von den ansässigen Bauern beschafft worden. Aus diesem Grunde legte man Wert auf einen mittelschweren Pferdeschlag, der allgemein in der Landwirtschaft anzutreffen war. Für den Transport setzte man eine unterschiedliche Anzahl von Pferden ein, so für die 12pfündigen Kanonen 6 Pferde und für alle anderen Kaliber 4 Pferde. Die kurzzeitig existierende berittene Batterie hatte auch je Geschütz 6 Pferde zur Verfügung. Alle Fahrzeuge des Fuhrwesens wurden in der Regel mit 4 Pferden bespannt. Das eingesetzte Fahrzeugmaterial sollte leicht, beweglich, leicht einschlagbar und nur schwer umwerfbar gebaut werden. Eventuelle Reparaturen am Geschütz- und Wagenpark wurden von den Fahnenschmieden im Feld ausgeführt. Dazu waren sie mit einer speziellen Feldschmiede ausgestattet und hatten neben diesen Reparaturen vor allem die Pferde zu beschlagen. Größere Reparaturen führte die Handwerkerkompanie aus, deren Personal im Frieden im Hauptzeughaus beschäftigt war.

Die Etats des Feldartilleriekorps

Das Hauptzeughaus:

1 Obersthaus- und Landzeugmeister	1 Artilleriesekretär
1 Oberzeugschreiber	1 Auditeur
1 Zeughauptmann	1 Artillerieschreiber
1 Oberzeugmeister	3 Zeugdiener
3 Oberzeugwärter	1 Chirurg
1 Adjutant	1 Artilleriegerichtswaibl
	insgesamt: 16 Mann

Die Artillerieschule:

1 Direktor	1 Batteriemeister
1 Oberfeuerwerksmeister	1 Unterfeuerwerksmeister
1 Mathematikus	insgesamt: 6 Mann
1 Ingenieur- und Zeichenmeister	

Die Hausartilleriekompanie:

1 Kapitän	1 Fourier
1 Stabskapitän	1 Feldscher
1 Premierleutnant	1 Feuerwerkskorporal
2 Sousleutnante	1 Kanoniersergeant
1 Stückjunker	4 Feuerwerker
8 Kanonierkorporale	30 Oberkanoniere
3 Tamboure	83 Unterkanoniere
3 Zimmerleute	insgesamt: 141 Mann

Ergänzendes Personal des Hauptzeughauses:

1 Inspektor der Pulvermühle	1 Büchsenschäfter
1 Inspektor der Stückgießerei	1 Schlossermeister
1 Stückgießer	1 Schwertfeger
1 Stückverschneider	1 Sattlermeister
1 Pulvermacher	1 Zimmermeister
1 Körnknecht	4 Zimmergesellen
5 Pulverarbeiter	1 Wagnermeister
3 Kohlenknechte	1 Brückenmeister
1 Kanonenbohrwerksmüller	1 Klempnermeister
1 Kanonenbohrwerksschlosser	1 Spritzenaufseher
	12 Schneller
1 Plattner	2 Torwächter
1 Büchsenmacher	insgesamt: 45 Mann

Das Wagenhaus:

1 Geschirrschreiber	4 Knechte
1 Schirrmeister	2 Wagenbauer
	insgesamt: 8 Mann

Der Festungsbau:

1 Profoß
6 Bauknechte
insgesamt: 7 Mann

Zum Festungsbau wurden Militärsträflinge und Strafgefangene eingesetzt, deren Bewachung den jeweiligen Dresdner Truppenteilen übertragen war.

Die Festung Königstein:

1 Zeugdiener

Das Pulvermagazin Torgau:

1 Zeugdiener
4 Oberkanoniere
insgesamt: 5 Mann

Das Pulvermagazin Wittenberg:

1 Zeugdiener
4 Oberkanoniere
insgesamt: 5 Mann

Die Artillerie-Hausbestallungskompanie:

1 Chef	90 Büchsenmeister oder Oberkanoniere
1 Kommandant	
1 Feuerwerkskorporal	
1 Feldscher	
insgesamt: 94 Mann	

Die Einrichtung als Überrest der zunftmäßigen Artillerie bestand nur noch 1791. Bis zu diesem Zeitpunkt hatten alle wehrfähigen sächsischen Städte noch ihre Büchsenmeister zur Ausbildung nach dem Hauptzeughaus zu kommandieren.

Das Fußartillerieregiment:
Das Fußartillerieregiment bestand aus 2 Bataillonen mit je 6 Kompanien. Nach 1797 wurde das Regiment personell und materiell bedeutend verstärkt.

Stab:

1 Chef	1 Auditeur
1 Oberst	1 Oberfeldscher
2 Oberstleutnante	1 Stabsfourier
2 Majore	1 Stabsfeldscher
1 Artilleriequartiermeister	1 Profoß
2 Adjutanten	1 Knecht
	insgesamt: 15 Mann

Die 12 Kompanien hatten:

7 Kapitäne	12 Kanoniersergeanten
5 Stabskapitäne	36 Feuerwerker
12 Premierleutnante	108 Kanonierkorporale
24 Sousleutnante	24 Tamboure
12 Stückjunker	36 Zimmerleute
12 Fouriere	240 Oberkanoniere
12 Feldschere	1032 Unterkanoniere
12 Feuerwerkskorporale	insgesamt: 1584 Mann

Die Pontonierkompanie:

1 Kapitän	2 Sergeanten
1 Premierleutnant	1 Feldscher
1 Sousleutnant	2 Korporale
1 Brückenschreiber	48 Pontoniere
	insgesamt: 57 Mann

Die Artillerieuniformierung
Das gesamte Artilleriekorps trug grüne Röcke mit roten Kragen, Rabatten, Aufschlägen und Futter, dazu paillefarbene Westen und Hosen. Die Tuchgamaschen waren schwarz und die Knopffarbe gelbmetallen. Die Pontoniere hatten anstatt der Halbschuhe Stiefel in der Ausrüstung. Die Offiziere trugen goldene Epauletten auf beiden Schultern und die Stabsoffiziere zusätzlich auf den Westen goldene Tressen. Die Unterführer hatten an den Kragen, Rabatten und Aufschlägen und an den Hüten goldfarbene Tressen, die Offiziere nur goldene Tressen an den Hüten. Die Mannschaftshüte waren mit gelber Wollborte eingefaßt. Die Unterführer hatten auf den Hüten weiße Federbüsche mit schwarzer und die Mannschaften schwarze Federbüsche mit weißer Füllung als Schmuck. Zum täglichen Dienst trugen die Offiziere grüne Fracks mit roten Aufschlägen und kleinen Kragen, paillefarbene Westen und goldene Epauletten.

Das Ingenieurkorps

Das Ingenieurkorps hatte im Kriegsfall die Aufgabe, im Gelände die eigenen Truppen durch Kunstbauten vor gegnerischer Einwirkung zu schützen, die eigenen Truppenbewegungen zu fördern (Übergänge, Brücken usw.), durch künstliche Sperren den Gegner zu behindern und gegnerische Schutzbauten zu beseitigen. Die Ausarbeitung, Leitung und Kontrolle solcher ingenieurtechnischen Maßnahmen übernahmen die Ingenieuroffiziere, die Ausführung oblag den Artilleristen, Pontonieren und Mineuren, im Bedarfsfall auch Infanteristen. Im Frieden hatten die Ingenieuroffiziere Landesbauten zu projektieren und zu leiten sowie die Artilleriemannschaften auszubilden.

Das Ingenieurkorps
Das Korps bestand aus einem Stab, einer Feld-, einer Landbrigade und aus der Ingenieurakademie.

Der Stab:

1 Chef	1 Ingenieurquartiermeister
1 Oberst	insgesamt: 3 Mann

Die Feldbrigade:

1 Oberstleutnant	3 Premierleutnante
1 Major	4 Sousleutnante
3 Kapitäne	9 Unteroffiziere
	insgesamt: 21 Mann

Die Landbrigade:

1 Oberstleutnant	3 Premierleutnante
1 Major	4 Sousleutnante
3 Kapitäne	9 Unteroffiziere
	insgesamt: 21 Mann

Die Ingenieurakademie:

1 Direktor	1 Architekt
1 Mathematiker	1 Aufwärter
1 Dessinateur (Musterzeichner)	insgesamt: 5 Mann

Auf der Festung Königstein waren 1 Festungsingenieur und 1 Sousleutnant stationiert.

Die Uniformierung des Ingenieurkorps bestand aus grünen Röcken mit roten Kragen, Aufschlägen, Westen, Hosen und Rockfutter. Die Knopffarbe war weißmetallen, an den schwarzen Hüten war eine silberne Tresse angebracht. Die Unterführer hatten silberne Tressen auf den Kragen und Aufschlägen.

Zur Baugeschichte im Kurfürstentum Sachsen bis zum Ende des 18. Jahrhunderts

Mit den Hintergrunddarstellungen vermittelt Friedrich Johann Christian Reinhold neben seinem eigentlichen militärgeschichtlichen Anliegen zugleich ein anschauliches Kapitel Bau- und Landesgeschichte Sachsens. Wenngleich die angewandte Darstellungsform vorrangig dem Zeitgeschmack geschuldet ist und die Auswahl, wie die meisten dieser Art, der persönlichen Sicht des Wählenden entspricht, so erscheint der Querschnitt dennoch repräsentativ. Eine breit angelegte Abfolge von mehr oder weniger bekannten Motiven – Landschaften, Stadt- und Dorfansichten, städtische Räume, einzelne Bauwerke, Burgen, Schlösser und Kirchen, Gärten, Parkanlagen und andere – ermöglicht einen bildhaften Einblick in spezifische Gegebenheiten des ehemaligen kursächsischen Territoriums. Dessen im Verlauf der Geschichte häufig wechselnde Grenzen zwischen Lausitz, mittlerer Elbe, Erzgebirge, Saale und Werra wurden für das Königreich Sachsen letztmalig im Jahr 1815 durch den Wiener Kongreß festgeschrieben. So sind unter den dargestellten Orten und Landschaften auch solche, die zur Entstehungszeit des vorliegenden Werkes noch zu den kursächsischen Erblanden gehörten. Das trifft beispielsweise auf Gebiete des ehemaligen Thüringer Kreises zu.

Die Fülle des vorliegenden Materials gestattet zahlreiche Aspekte des Herangehens. Neben dem Gesamtbild tritt ein breites Spektrum von Besonderheiten in das Blickfeld des Betrachters. Wie im einzelnen auch immer interpretiert – die Motive spiegeln anschaulich die topographische Situation Sachsens wider. Wichtige Etappen der Baugeschichte werden in ihrer Vielfalt und Breite aus zeitgenössischer Sicht dokumentiert.

Zum besseren Verständnis sollen deshalb in groben Konturen die geographischen Gegebenheiten Sachsens und einige Zusammenhänge zwischen den historischen Bedingungen und der baugeschichtlichen Entwicklung vergegenwärtigt werden. Niederes Flachland, hügeliges Mittelland und Gebirgszüge bilden, kurz umrissen, die naturräumliche Struktur der sächsischen Landschaft. Im Süden markiert das Erzgebirge eine natürliche Grenze. Dort, im angrenzenden Vogtland und in der Lausitz, liegen zugleich die Quellgebiete der größeren Flüsse, die östlich der Saale die Landschaft prägen und das Land mit einem dichten Wassernetz durchziehen. Das nach Norden zu flacher werdende Gebirge geht in fruchtbares Hügelland mit der Lommatzscher Pflege als Kernstück, in Heidegebiete und schließlich in die große Leipziger Tieflandbucht über. Das östlich ans Erzgebirge anschließende Sandsteingebirge wird von der aus Böhmen kommenden Elbe in einmaliger landschaftsbildender Weise durchbrochen. In nordwestlicher Richtung fließt sie dann durch die beckenartige Talerweiterung um Dresden, die von sanft ansteigenden Höhenzügen gesäumt wird. Die nördliche Umrandung der Talweitung, die ober- und unterhalb Dresdens als Steilhang emporragt, weicht bei Dresden in einem Bogen deutlich zurück. Die weite Biegung des Westrandes schwingt von einem kleinen Steilhang unterhalb Dresdens bis zu den südlichen Höhen, so daß in der nahezu 40 Kilometer langen Elbtalweitung ein ständiger Wechsel entsteht. Nachdem die Elbe den Meißner Gebirgsstock durchflossen hat, tritt sie ins Flachland ein. Im Osten Sachsens schließlich sind das Lausitzer Bekken, Heidegebiete und die Kette der Lausitzer Berge, die das fruchtbare Gebiet um Bautzen – Göda abgrenzen, bestimmend.

Aus dieser geographischen Situation heraus und aus den historischen Vorgängen ergeben sich Eigenart und Bild der sächsischen Städte und Dörfer. Sie sind einerseits als künstlich und künstlerisch geformte Gebilde vieler Generationen geprägt, andererseits sind sie eingebunden in die umgebenden natürlichen Bedingungen und damit nicht losgelöst von ihnen zu sehen.

Als Zentren von Handel und Gewerbe, dazu wirtschaftlich privilegiert, standen die Städte im Mittelalter den Dörfern mit ihrer feudal-agrarischen Produktion gegenüber. Deutlich unterscheiden sich deshalb auch in der Folgezeit die Stadtanlagen mit ihrer Zusammenballung der Wohn- und Arbeitsstätten auf engem Raum, durch Markt, Straßensystem und Befestigungsmauern von den zumeist weiträumigen und offenen Dorfanlagen. Städte und Dörfer stellen sich so nach Größe, Bauform, gesellschaftlichem Rang und geographischer Beziehung dar. Das ermöglicht Aussagen über Gesellschaftsstrukturen und ihre Veränderung, Lebensweise, das geistig-kulturelle und religiöse Leben der Bewohner und nicht zuletzt über militärhistorische Gegebenheiten.

Ein vergleichender Blick auf die Geschichte Sachsens in bezug zur baulichen Entwicklung soll das Gesagte unterstreichen. Unter Heinrich I. und Otto I. vollzog sich seit dem 10. Jahrhundert die expansive deutsche Besiedlung ursprünglich slawischer Gebiete östlich der damaligen Reichsgrenze. In deren Folge entstand die Grenzmark Meißen als militärisches, kirchliches und administratives Zentrum und als das Kerngebiet des späteren Landes Sachsen. Die um 929 errichtete Burg Meißen entwickelte sich zum Mittelpunkt der 965 begründeten Markgrafschaft, mit der im Jahr 1089 das ostsächsische Adelsgeschlecht der Wettiner belehnt wurde. (TAFELN 91, 100, 101) Es bestimmte fortan die wechselvolle Landesherrschaft, die im Lauf der Jahrhunderte durch den Erwerb weiterer Gebiete zunehmend gefestigt wurde. Diese Herrschaft währte bis zur Niederlage des deutschen Imperialismus im 1. Weltkrieg und der im Verlauf der Novemberrevolution 1918 in Dresden ausgerufenen Republik.

Die Anfänge der Besiedlung Sachsens durch deutsche Bauern, von den ansässigen Feudalherren, vor allem den Markgrafen von Meißen, und vom Kaiser veranlaßt, liegen um die Mitte des 12. Jahrhunderts. Sie vollzog sich verhältnismäßig schnell. Während das Hügelland mit seinen fruchtbaren Böden besonders gute Voraussetzungen bot, erwies sich die Gebirgszone als weniger günstig. Neben den slawischen Siedlungen entstanden zahlreiche neue Dörfer deutscher Siedlergruppen. In den Gebirgszonen wurden fast immer Reihendörfer angelegt, deren Flur in Waldhufen aufgeteilt war. (TAFEL 191) Später, seit dem 16. Jahrhundert, kamen im Erzgebirge Streusiedlungen der vorwiegend bergmännischen Bevölkerung hinzu. Bei den Anlagen in den Flachgebieten bevorzugte man Straßen-, Straßenanger- oder Gassendörfer, die sowohl dem Bedürfnis nach Schutz als auch dem Wunsch nach praktischer Wohn- und Wirtschaftskonzentration entsprachen. Ursprünglich als Gassendörfer waren zum Beispiel Kaditz, Pillnitz, Tolkewitz oder Plauen bei Dresden angelegt. (TAFELN 13, 127, 135)

Die Grundformen dörflicher Siedlungen, die sich im Mittelalter herausgebildet hatten, waren auch noch im 18. Jahr-

hundert erkennbar. Siedlungserweiterungen und Aufsiedlungen, besonders von nichtbäuerlichen Schichten erbaut, veränderten die Dorfformen. Häusler- und Gärtneranwesen kamen hinzu, aus manchen Dörfern wurden Industrie- und Gewerbesiedlungen.

Als Hoftypen entwickelten sich in Sachsen der Haufenhof, die Vier-, Drei und Zweiseithöfe und Eindachgehöfte (Einhäuser). Sehr häufig fand sich der mitteldeutsche Dreiseithof mit Wohnhaus, Stallung und Scheune um einen Innenhof gruppiert. Nach der Straße zu war er durch Mauer oder Zaun sowie Tür und Tor begrenzt.

Die Anlage von Haus und Hof sowie ihre räumliche Nutzung ergaben sich vor allem aus den Besitzverhältnissen und der landwirtschaftlichen Betriebsgröße. Nicht zuletzt spielten die verschiedenen Betriebsweisen eine Rolle, wenn man beispielsweise an die Weinbauern des Elbtals, Gebirgsbauern des Erzgebirges oder an Häuslerwirtschaften denkt. So waren die meisten Einwohner des ehemaligen Dorfes Loschwitz bei Dresden arme Häusler, deren Anwesen über die kleinen Weinbergsparzellen der Hänge verstreut lagen. (TAFELN 180, 189)

Neben den bäuerlichen Wirtschaften bilden das landesherrliche Kammergut und das Rittergut die beiden Formen der feudalen Gutswirtschaft in Kursachsen.

Zur Errichtung der Gebäude nahm zunächst der Holzbau, besonders der materialreiche Holzblockbau, eine beherrschende Stellung ein. Im nördlichen Flachland kam in früher Zeit der Lehm- und Fachwerkbau hinzu.

Nachdem die Holz- und Feuerordnungen des 16. Jahrhunderts in Sachsen die Fachwerk- und Massivbauweise forderten, fanden diese auch beim ländlichen Bauen eine zunehmende Verbreitung. Sie dominieren bei den abgebildeten Dörfern des 18. Jahrhunderts. Charakteristisch und in gewisser Weise landschaftsprägend für diese Zeit sind weiterhin die offenen Ackerflächen und der teilweise desolate Zustand der Wälder. Er wurde in erster Linie durch den großen Brennholzbedarf vor Einführung der Kohlefeuerung verursacht.

Im Verlauf der frühen Landnahme entstanden mit den Marken zugleich die Burgwarde. Die Burganlagen, in deren Schutz sich die ersten Marktsiedlungen der Fernkaufleute bildeten, schützten Flußübergänge und die wichtigsten Fernstraßen, die in westöstlicher und in nordwestlich-südöstlicher Richtung verliefen. Bekannt war die Hohe Straße. Aus Polen und Schlesien kommend durchzog sie die Oberlausitz, überquerte die Elbe mit der Merschwitzer Fähre und führte dann über Eilenburg, Leipzig weiter nach Naumburg, Erfurt an den Rhein. (TAFELN 160, 161, 197) Die meisten sächsischen Burgen sind Höhenburgen mit Weitblick über die Umgebung. In der Ebene legte man Wasserburgen an, die im Laufe der Jahrhunderte vernichtet oder stark verändert wurden, zum Beispiel Dresden oder Schloß Liebenwerda. (TAFEL 70)

Eine Reihe von Burgen sicherte die Elblinie: Torgau, Strehla, Hirschstein, Meißen, Siebeneichen, Scharfenberg und Königstein. (TAFELN 159, 112, 120, 123, 178, 103) Andere wurden zum Schutz der verschiedenen Straßenübergänge nach Böhmen angelegt, so die Burgen im Zschopau- und Flöhatal Schellenberg (später Augustusburg), Scharfenstein, Wolkenstein, Rauenstein (TAFELN 99, 157) oder die Burgen an der Müglitz wie Dohna, Weesenstein und Liebstadt. (TAFELN 90, 115) Ihre frühe Anlage entsprach immer militärtechnischen Bedürfnissen. Viele Burgen wurden während der Hussitenkriege und im Dreißigjährigen Krieg zerstört und erhielten beim Neuaufbau ein anderes Aussehen, das der neuen Funktion, dem Zeitstil und den veränderten Kampfmitteln entsprach. Sie wurden vielfach in Schlösser, manche in Sitze staatlicher Verwaltungsämter der Wettiner, Staatsgefängnisse und anderes umgewandelt. (TAFELN 132, 139) Die Wettiner trachteten bekanntlich schon früh danach, möglichst viele Feudalsitze zu erwerben, um damit ihre Hausmacht zu festigen.

Im 18. Jahrhundert besaßen die sächsischen Burgen keine strategische Bedeutung mehr. Auch die größte unter ihnen, die als uneinnehmbar geltende Festung Königstein, hatte trotz ihres aufwendigen Ausbaus keinen strategischen Wert. (TAFELN 103, 171) Sie diente – abgesehen von ihrer Funktion als Artilleriedepot, Magazin und Staatsgefängnis – nur dem sächsischen Hof als Zufluchtsort in Kriegszeiten.

Im Rahmen der Burgengeschichte Sachsens spielt die Albrechtsburg in Meißen eine besondere Rolle. (TAFELN 91, 100) Sie wurde in den Jahren 1470 bis 1520 unter der Leitung Arnolds von Westfalen (bis 1481), dann unter K. Pflüger und Jakob Heilman von Schweinfurt auf dem Burgberg errichtet für die wettinischen Brüder Ernst und Albrecht, die seit 1464 gemeinsam regierten. Die Burg verband den ursprünglichen Charakter des Wehrbaus mit Wohn- und Repräsentationszwecken, wenn sie dafür auch nur kurzzeitig genutzt wurde. Sie leitete in dieser Form bereits in die nächste Epoche über. Berühmt wurde sie nach Zerstörung und Wiederaufbau (1662) nochmals zur Zeit Augusts des Starken als erste Produktionsstätte des europäischen Porzellans.

Neben den weltlichen Feudalherren betrieben die kirchlichen Gewalten, vor allem die Bischöfe, den Landesausbau in mannigfaltiger Form. Zur Christianisierung der deutschen und slawischen Bevölkerung wurden Klöster und Stifte gegründet, so Pegau, Chemnitz, Riesa und das Zisterzienserkloster Altzella. (TAFEL 164)

Diese konzentrierten sich neben ihrer missionarischen Tätigkeit unter anderem auf die Einrichtung von Wirtschaftsbetrieben und die Entwicklung von Land- und Forstkulturen.

Die Kirche war im hohen Mittelalter zugleich der wichtigste Träger künstlerischer Äußerungen, die ihren Niederschlag vor allem im Sakralbau fanden. Im Verlauf des 12. Jahrhunderts entwickelte sich in Sachsen ein feststehender Typ der romanischen Dorfkirche mit Turm, einem Schiff und quadratischem oder rechteckigem Chor, der meist eine halbrunde Apsis erhielt. Oft findet man an Stelle des Turmes auf dem Dach des Kirchenschiffs nur einen Dachreiter für die Aufnahme der Glocke, der mit einer schlanken Spitze endet. (TAFELN 47, 145, 163) Der Kirchhof war, den unruhigen Zeiten entsprechend, vielfach befestigt – mitunter auch die Kirche selbst. Historische Ereignisse, Krieg und Brände führten in den folgenden Jahrhunderten zur Zerstörung oder Veränderung der Kirchen, so daß deren ursprüngliche Gestalt nur in wenigen Fällen erhalten blieb. In der Mitte des 15. Jahrhunderts wurde in Sachsen fast die Hälfte der Dörfer und Kirchen verwüstet.

Besonders in den Städten waren die ursprünglichen Kirchen, meist romanische Basiliken auf kreuzförmigem Grundriß, ständigen Umbauten unterworfen, oder sie mußten späteren Neubauten weichen. Die Veränderungen der Jahrhunderte brachten die mannigfaltigen baugeschichtlichen Mischformen hervor, die in interessanter Weise den Entwicklungsweg widerspiegeln.

Reinholds Abbildungen vermitteln an Hand exemplarischer Beispiele die Vielfalt sakraler Baukunst – Dome, Stadt-, Dorf-, Kloster-, Burg- und Schloßkirchen. Darunter befinden sich bedeutende und bekannte Anlagen wie der Meißner Dom, das erste Werk der reinen Gotik in Sachsen, die Dome beziehungsweise Kirchen zu Naumburg, Freiberg, Bautzen, Dresden, Dippoldiswalde, Tharandt (TAFELN 91, 160, 97, 79, 85, 148, 199, 184, 181), aber auch mehr oder weniger bekannte Dorfkirchen wie die von Hochkirch bei Bautzen, Briesnitz und Kaditz bei Dresden, Döhlen, Possendorf, Leppersdorf bei Radeberg und andere. (TAFELN 119, 127, 185, 128, 191, 145) Recht eindrucksvoll begegnet uns gerade bei den Dorfkirchen die enge Verbindung von Natur und Bauwerk.

Die meisten Städte Sachsens wurden zwischen 1150 und 1250 gegründet, vielfach im Schutz feudaler Burgen und den Handels- und Heeresstraßen folgend. Die Burg blieb auch in der Folgezeit der eigentliche Kern für eine Stadtanlage. Im Gesamtbild zeigt sich das recht bildhaft bei Städten wie Bautzen, Torgau, Nossen, Dohna, Bärenstein oder Lauenstein (TAFELN 79, 159, 67, 90, 118, 121) vor allem dort, wo sich die Burgen in Bergspornlage über einen Fluß erheben und die Stadtbildung daran anschloß. Solche markanten Silhouetten verloren bis heute nichts von ihrer Wirkung. Ein Ereignis, das die Geschichte des Landes nachhaltig beeinflussen sollte, war 1168 die Entdeckung reicher Silbervorkommen in der Gegend des heutigen Freiberg. Die dabei entstehende Stadt wurde zur damals größten und reichsten und zugleich zum künstlerischen Zentrum. (TAFEL 97) So wie Freiberg sind viele Städte nach einem einheitlichen Idealplan angelegt, oft kreisförmig mit quadratischem oder rechteckigem Markt. (TAFEL 194) Auf dem Marktplatz befindet sich das Rathaus, seitlich davon steht die Stadtkirche. Vom Markt aus führen rechtwinklig die Haupt- beziehungsweise Fernstraßen zu den Stadttoren. Mitunter, so in Pirna, verlaufen sie auch tangential am Rande. Mit den Befestigungsanlagen des 13. und 14. Jahrhunderts sind die meisten Altstädte Sachsens in ihrer Grundrißbildung und Begrenzung zur Umgebung festgelegt. Burg, Mauerbau, Rathaus und Kirche bilden reizvolle und dominierende Ensembles, in denen sich die Baukunst manifestiert.

Zwischen der Mitte des 15. und 16. Jahrhunderts nahm das sächsische Bauwesen einen weiteren glänzenden Aufschwung. Dieser Prozeß war stark durch die Entwicklung der frühkapitalistischen Produktionsweise und durch erneute Erzfunde bedingt. Nach verheerenden Stadtbränden entstanden manche Städte regelrecht neu – was übrigens auch in der Folgezeit häufig geschehen mußte. (TAFELN 124, 179) Die neuen ökonomischen Verhältnisse fanden ihren baukünstlerischen Ausdruck in repräsentativen Rathäusern, in stattlichen Zunft- und Bürgerhäusern mit reich verzierten Erkern, Portalen und Giebeln. Das Rat- und Kaufhaus war zugleich auch das Gerichts-, Fest- und Gesellschaftshaus der Bürgerschaft. (TAFEL 194)

In diesen Jahrzehnten entstanden die großen spätgotischen Hallenkirchen Sachsens mit ihren dominierenden, das Stadtbild beherrschenden Dächern, wie der Dom zu Freiberg, die Annenkirche in Annaberg, die Marienkirche in Pirna (TAFELN 172, 173) oder die Thomaskirche in Leipzig (TAFEL 168). Die Bautätigkeit konzentrierte sich vor allem auf die Residenzstädte der Wettiner, auf Meißen, Wittenberg, Torgau, Dresden und Leipzig.

Nach der 1485 erfolgten Spaltung des Hauses Wettin in die albertinische und ernestinische Linie und mit der damit verbundenen Begründung des Kurstaates Sachsen durch die Albertiner beginnt der Aufstieg Dresdens zur Metropole und schließlich einzigen Residenz der Wettiner. Nachdem 1547 das Heer des ernestinischen Kurfürsten Johann Friedrich bei Mühlberg besiegt war, ging die kaiserlich beurkundete Kurwürde an den seit 1541 regierenden Herzog Moritz über. Mit ihm wurde eine neue Epoche in der Geschichte Sachsens eingeleitet. Er setzte die bereits unter seinem Vorgänger Herzog Georg begonnene Bautätigkeit fort und verwandelte die Ackerbürgerstadt Dresden in eine seinen Ansprüchen gemäße Residenz. Zwei Vorhaben standen im Mittelpunkt baulicher Aktivität: die Modernisierung der Befestigung und der Ausbau des Residenzschlosses. Durch den Um- und Erweiterungsbau des letzteren entstand innerhalb weniger Jahre die prächtigste Schloßanlage, die der Renaissancestil bis dahin in Deutschland hervorgebracht hatte. 1586 bis 1588 wurden der Stallhof und das Stallgebäude hinzugefügt. (TAFEL 31) Die Festung Neu-Dresden, zwar nicht von einer solchen künstlerischen Dimension wie das Schloß, dennoch städtebaulich bedeutsam, wurde in den Jahren 1546 bis 1591, vor allem unter Kurfürst August, realisiert. (TAFELN 125, 146, 151, 158) Die Stadt wurde nach den Plänen Caspar Voigt von Wierandts mit einem modernen System von Bastionen und Erdschanzen befestigt. Im Zeitraum von wenigen Jahren entstanden hohe, mit Sandsteinquadern gefaßte Erdwälle, in die tiefe Kasematten eingebaut waren. Ein breiter Wassergraben und Glacis umgaben die Wälle. Die Stadttore durchbrachen in gewundenen Tunnelanlagen den Wall. In jenen Jahren erfolgte auch der Neubau eines militärisch notwendig gewordenen Hauptzeughauses in der Nordostecke des Frauenkirchenviertels (TAFEL 138), das damit dem Stadtgebiet einverleibt wurde.

Die kurfürstlichen Zeughäuser, in denen Waffen und Kriegsgerät aller Art, ausgenommen Pulver, aufbewahrt wurden, rüsteten die im Kriegsdienst befindlichen Söldner aus. Die Anhäufung von Kriegsgerät war zugleich eine Zurschaustellung des Landesreichtums. Das Dresdner Hauptzeughaus galt in seiner Zeit als «weltberühmt». Die neuen Festungswerke wurden für die Ansicht der Stadt bestimmend und legten ihre Ausdehnung in den folgenden zweieinhalb Jahrhunderten fest. Auch das rechtselbische Alten-Dresden, bis dahin selbständig, wurde im 16. Jahrhundert befestigt und mit Neuen-Dresden im Jahr 1549 verwaltungsmäßig vereinigt. Der breite Festungsring Alten-Dresdens hatte seinen Hauptausgang am Bautzener oder Schwarzen Tor. (TAFELN 82, 85) Bis zu Beginn des 19. Jahrhunderts bestand Dresden vorrangig aus dem heutigen historischen Stadtzentrum mit dem Mauerring. Davon liefern Reinholds Abbildungen einen augenscheinlichen Beweis. Noch heute zeugen die beeindruckenden Wälle, Kasematten und Bastionen der Brühlschen Terrasse von der einstigen Befestigung. (TAFEL 158)

Der Festungsgürtel begünstigte die Entwicklung der Vorstädte mit kleinen, leichtgebauten Häusern. Die Vorstadtgassen legten sich jenseits der Befestigung wie ein Kranz um die Stadt. (TAFELN 25, 147, 150, 152) Dort durfte aus strategischen Erwägungen heraus – das Verbot wurde erst 1736 aufgehoben – nicht massiv gebaut werden, um die Häuser im Belagerungsfall abbrennen zu können. Der Angreifer hatte dadurch keine Möglichkeit, sich zu verschanzen. Zusammen mit den Vorstädten war die Stadt von Gartenanlagen umgeben, die sich Hof und Adel seit dem Ende des 16. Jahrhunderts schufen. Im weiteren Umkreis der Stadt befand sich landwirtschaftliches Gebiet mit zahlreichen Dörfern wie Lockwitz, Tolkewitz, Loschwitz, Blasewitz, Briesnitz, Kaditz. (TAFELN 136, 135, 189, 127, 185) Sie wurden in der zweiten Hälfte des 19. und der ersten Hälfte des 20. Jahrhunderts durch Eingemeindungen Stadtgebiete von Dresden.

Die Entwicklung des bürgerlichen Wohnhauses vom 15. bis zum 17. Jahrhundert ist stark durch die Veränderung der Baumaterialien gekennzeichnet. Ursprünglich aus Fachwerk bestehend, mußten die Straßenseiten bis zum ersten Stockwerk und die Eckhäuser ganz in Stein errichtet werden. Durch ständig neue Bauordnungen versuchte man, der Brandgefahr Herr zu werden, aber auch städtebauliche Gesichtspunkte durchzusetzen.

Im 16. Jahrhundert galt Sachsen als eines der wirtschaftlich und politisch fortgeschrittensten Territorien Deutschlands. Die zweite Hälfte des Jahrhunderts unter der Regentschaft von Kurfürst August war für die bauliche Entwicklung von besonderer Bedeutung. Dresden erlebte in diesem Zeitraum einen ersten künstlerischen Höhepunkt. Der Dreißigjährige Krieg unterbrach die Blütezeit Sachsens, da es zu den am meisten heimgesuchten Gebieten Deutschlands gehörte. Allein zwei Drittel der ländlichen Bevölkerung Sachsens kamen um. Die Stadt Dresden blieb dank der beispielhaften Befestigung weitestgehend in ihrer Substanz erhalten.

Trotz aller Schrecken und Zerstörungen erholte sich das Land durch seine günstigen ökonomischen Voraussetzungen eher als andere deutsche Länder. Das Kurfürstentum trat dann am Ende des 17. Jahrhunderts in eine seiner bedeutendsten Entwicklungsphasen ein. Es war die Regierungszeit Augusts des Starken (1694–1733) und seines Sohnes Friedrich August II. (als polnischer König August III, 1733–1763), auch als «Augusteisches Zeitalter» bezeichnet, in der Kursachsen in Personalunion mit dem Königreich Polen zu einer europäischen Machtgröße aufstieg. In diesem Zeitraum, vor allem unter August dem Starken, verband sich absolutistische Machtentfaltung auf territorialstaatlicher Ebene zugleich mit einer Blüte von Bauwesen, Architektur, Kunst und höfischer Festkultur, die ihrerseits der absoluten Herrschaft einen glanzvollen Rahmen zu geben hatten. Die barocke Baukunst, getragen von genialen Architekten, nahm eine beherrschende Stellung ein. Malerei und Plastik dienten ihrer Steigerung. «Die Stadt Dresden scheint gleichsam nur ein großes Lustgebäude zu sein, worin sich alle Erfindungen der Baukünste angenehm vermischen und doch besonders betrachten lassen», schrieb 1718 Johann Michael von Loen.

Der Barock des absolutistischen Zeitalters erwuchs aus der kulturellen Tradition der Dresdner Renaissance, die zu Beginn des 18. Jahrhunderts noch überall sichtbar war. Etwa ein Fünftel der Häuser in Dresden bestand zu diesem Zeitpunkt noch aus Fachwerkkonstruktionen, wie sie die Bauordnung von 1491 vorschrieb. Neue, bedeutende Bauten kamen hinzu. Unter Einbeziehung vorhandener Bauwerke, mit den Palästen, Kommunalbauten, Festungsanlagen, Kirchen und Bürgerhäusern wuchs die Stadt zu neuen, interessanten Straßen- und Platzräumen zusammen. Stadterweiterungen gehörten zum Konzept der ehrgeizigen Baupläne Augusts des Starken. Ein großer Brand des rechtselbischen Alten-Dresden im Jahr 1685 gab ihm die Gelegenheit zur Umgestaltung seiner Residenz. Wolff Caspar von Klengels Plan bildete die Grundlage für den Bau der «Neuen Königsstadt», deren eine Hauptachse, die Hauptstraße (heute Straße der Befreiung), vom Schwarzen Tor auf das Blockhaus führte und die zweite mit dem Japanischen Palais raumbegrenzend abschloß. (TAFELN 33, 82, 85, 87) Bauordnungen, unter denen die von 1720 herausragt, gewährleisteten eine nach einheitlichen Gesichtspunkten vollzogene Stadtgestaltung, was unter anderem zu eindrucksvoll geschlossenen Straßenbildern führte. Westlich der alten Wilsdruffer Vorstadt im Gebiet des kurfürstlichen Vorwerkes Ostra entstand die Friedrichstadt als eine neue Vorstadt. (TAFELN 73, 152)

Neben Stadtgestaltungen konzentrierte sich die Bautätigkeit im absolutistischen Zeitalter auf großartige Palast- und Gartenanlagen. Der im Südosten der Stadt den Kranz der Vorstädte unterbrechende Große Garten, in den siebziger Jahren noch unter Augusts Vorgänger angelegt, erfuhr seine Gestaltung vornehmlich unter dem Einfluß des großen Vorbildes von Versailles. Fast zur gleichen Zeit entstand 1678 als architektonisches Zentrum des Parkes das frühbarocke Palais von J. G. Starcke. Von einer Mauer umschlossen, war die kurfürstliche Parkanlage lange Zeit nur dem Adel zugänglich. (TAFELN 42, 43, 104, 134, 187) Sie war Schauplatz glänzender Hoffeste, unter denen das Venusfest zur Vermählung des Kurprinzen 1719 herausragt. Während der Schlacht bei Kesselsdorf (1745), mehr noch im Siebenjährigen Krieg, erlitt der Große Garten schwere Schäden. Seit 1764 standen die Anlagen auch dem Bürgertum offen. Als monumentaler Schauplatz für die Feste des Königs und Kurfürsten wurde in Zusammenarbeit zwischen dem Architekten M. D. Pöppelmann und dem Bildhauer B. Permoser der Zwinger in der Nähe des Schlosses erbaut und in die Stadtbefestigung einbezogen. (TAFELN 44, 125) Graf Brühl ließ auf den Befestigungsanlagen an der Elbe ein Ensemble vornehmer Bauten errichten. (TAFELN 158, 146) J. C. Knöffel, nach dessen Entwürfen Brühls Palais (1737) entstand, baute unter anderem das Kurländer Palais (1728–1729) und in den Jahren 1723 bis 1728 das Palais Wakkerbarth, die Ritterakademie. (TAFELN 138, 83, 84) Das Beispiel Augusts fand beim Adel und reichen Bürgertum also eifrige Nachfolger. Auch auf dem Lande schuf sich die herrschende Klasse Wohnsitze, die den verfeinerten Bedürfnissen Rechnung trugen. (TAFEL 66)

In diesem Zeitraum bildete sich mit der Elbfront die noch heute wirksame städtebauliche Ansicht heraus. (TAFELN 81, 86, 146, 158) Die Stadtsilhouette wird im Blickpunkt des Elbbogens maßstabsbildend von der 1739 bis 1755 erbauten Katholischen Hofkirche Chiaveris, dem etwa gleich hohen Hausmannsturm des Schlosses (1674–1676) von Klengel und durch die mächtige Kuppel der evangelischen Frauenkirche (1726–1743) Georg Bährs beherrscht. Die Elbbrücke, als Steinbrücke bereits im Mittelalter angelegt (1287 erstmals genannt), galt als eine europäische Sehenswürdigkeit. 1727 bis 1731 wurde diese von M.D. Pöppelmann und J. G. Fehre neu gestaltet.

Der Dreiklang von Elbe, Talweitung und Gebäudeensemble bot für die Architekten einen idealen Handlungsraum. Die immer wieder gepriesene Schönheit Dresdens beruht gewiß auf vielen reizvollen Details. Das Ganze aber wird bei aller Vielfalt durch den harmonischen Zusammenklang von Natur und Bauwerken bestimmt.

Zur Barockresidenz Dresden gehören kulturgeschichtlich die Schloßanlage und Weinberglandschaft in Pillnitz, die Jagdforsten, Teiche und das Schloß mit Fasanerie in Moritzburg. (TAFELN 13, 14, 109, 110) Das Elbschloß Pillnitz, das Japanische Palais (TAFELN 5, 10, 153, 174) und das unterhalb von Dresden errichtete Schloß Übigau (TAFEL 111) hatten Häfen für die höfischen Prachtgondeln und waren so neben den Alleen auch durch die Elbe mit der Residenz verbunden. Das schuf für die barocke Erlebnisweise zusätzliche Akzente.

Friedrich Johann Christian Reinholds Tafeln entstanden nach dem Siebenjährigen Krieg. Mit der Niederlage, durch die Sachsen seine führende Stellung verlor, fand auch die künstlerische Blütezeit des «Augusteischen Zeitalters» ihr Ende. Viele Bauwerke waren zerstört. Mit dem Klassizismus, der neuen künstlerischen Strömung, kehrt im ausgehenden 18. Jahrhundert auch ein neuer Zeitgeist ein.

Der Rationalismus bürgerlicher Kräfte fand einen günstigen Nährboden.

Diese Ideen machten auch vor den Angehörigen des Adels nicht halt, ja zum Teil wurden sie sogar von liberal denkenden adligen Kreisen geteilt.

Entscheidend war das Vordringen neuer ethischer und ästhetischer Wertvorstellungen, das Hinwenden zu der sich verändernden Wirklichkeit im Sinne der Aufklärung. In diesem Rahmen erhielt die Vernunft eine Vorrangstellung, einhergehend mit einer ausgesprochenen Betonung des Gefühls. Für die letzten Jahrzehnte des überaus vielschichtigen 18. Jahrhunderts wird zuweilen auch der psychologische Begriff «Zeitalter der Empfindsamkeit» verwendet, um auf diese Weise den übertriebenen Gefühlskult zu verdeutlichen. «Seelenfreundschaften» wurden geschlossen, «edle Gespräche» in kleinen Kreisen geführt, der Welt schmerzlich, tränenreich und träumend gedacht.

In Deutschland führte diese Periode zur Frühromantik, der in Dresden eine besonders bedeutsame Stätte auf vielen Gebieten der Kunst bereitet war. Rationalität und Gefühlsbetonung gingen einher mit der Begeisterung für die Antike, die in neuer Weise gesehen wurde. Das Verständnis antiker Kunst, der Kunst der «Alten», wurde durch die theoretischen Schriften des einige Jahre in Dresden ansässigen Gelehrten Johann Joachim Winckelmann (1717–1768) nachhaltig gefördert. 1755 veröffentlichte er seine «Gedanken über die Nachahmung der griechischen Werke in der Malerei und Bildhauerkunst».

Dieser Beitrag gilt als das entscheidende Frühwerk der klassizistischen Kunsttheorie.

Das alles war zugleich verbunden mit einem Hinwenden zur Natur und zu allem Natürlichen. So lag es nahe, daß sich das neue Natur- und Weltgefühl besonders in der Gartengestaltung widerspiegelte, in den großen und kleinen Parkanlagen, mit denen Schlösser, Villen und Gutshäuser umgeben waren und die oft weitgehend, dem aufkommenden Ideal entsprechend, umgestaltet wurden.

Das neue Prinzip des sogenannten Landschaftsgartens, auch englischer Garten genannt, wurde für die Entwicklung besonders kennzeichnend und im Ensemble der Künste führend. Man erschloß die freie Natur in ihrer ursprünglichen Gegebenheit der ästhetischen Aneignung. Sie wurde in die für die Landschaftsgärten kennzeichnende Gestaltungsweise einbezogen. Der Integration von Kleinarchitekturen, Skulpturen, Vasen, Urnen, Gedenksteinen und anderen Objekten fiel dabei eine wichtige Rolle zu. Büsten, Reliefmedaillons an einer Stele, Säulen beziehungsweise deren Fragmente und Urnen befanden sich so in einer stilistisch wohl abgestimmten Umgebung.

Neben Porträtplastiken dominierten Grabmäler. In Anlehnung an diese wurden auch die ersten privaten und zum Teil öffentlichen Denkmäler für Künstler, Denker und andere errichtet. Das Grabmal kann überhaupt als eines der Hauptsymbole dieser Zeit gelten. Man fand es in Parkanlagen, in Form von Teebehältern oder als gemaltes Motiv auf Porzellanservices. Die Ruinenarchitektur und die historisierende beziehungsweise mit «fremdländischen» Mustern spielende Architektur wurden sinnvoll einbezogen.

Der Englische Garten außerhalb der Grenzen des vor 1778 entstandenen Pillnitzer Schloßbereiches mit dem Englischen Pavillon, die künstliche Ruine am Rand der Anlage und der anschließende Friedrichsgrund sind beredte Zeugnnisse dieses Zeitgeistes. (TAFELN 2, 7)

Friedrich Johann Christian Reinhold nimmt mit seinen Hintergrunddarstellungen darauf Bezug. Das Hinwenden zur Gartengestaltung und zu «empfindsamen» Partien in der Natur kommt in verschiedenen Tafeln zum Ausdruck. (TAFELN 2, 3, 4, 6, 7, 9 u. a.) Bemerkt sei in diesem Zusammenhang, daß die auf den Abbildungen im Geschmack der Zeit dargestellten Monumente und Denkmale nicht den jeweiligen Hintergrundmotiven zugehörig sind.

Neben anderen bemerkenswerten Landschaften spielt beispielsweise auf mehreren Darstellungen des vorliegenden Werkes das reizvolle Durchbruchstal der Weißeritz durch den Syenodiorücken – der Plauensche Grund bei Dresden – eine besondere Rolle. Als idyllischer Grund und einer der frühen Anziehungspunkte der Dresdner Landschaftsmaler war er im 18. Jahrhundert weithin berühmt. (TAFELN 53, 156, 192, 196) Manche Motive betonen das Idyllische ländlichen Daseins und sind Ausdruck zeitbedingter romantischer Naturschwärmerei. (TAFELN 163, 198)

Die Residenzstadt Dresden zeigte in der zweiten Hälfte des 18. Jahrhunderts noch weitgehend das Bild der barokken Stadt. Es währte eine Generation, bevor in der Stadt die 260 Brandstätten aus dem Siebenjährigen Krieg und weitere in den Vorstädten wiederaufgebaut waren. Gemessen am Vorangegangenen, geschah jedoch in jenen Jahren nichts architektonisch Bedeutendes. Vorherrschend war ein gemäßigtes Rokoko mit klassizistischen Anklängen. Ohne wesentliche Veränderung der bisherigen Grundstruktur wurden in Architektur und Dekor – dem Zopfstil gemäß – häufig nur die Gestaltungsmittel im Detail vereinfacht. Selbst beim Hauptwerk des bekannten klassizistischen Architekten und Theoretikers Friedrich August Krubsacius, dem Dresdner Landhaus (1770–1776), klang das neue Ideal nur zaghaft an. Die Veränderung zum Klassizismus vollzog sich bis zur Jahrhundertwende sehr langsam, ihre volle Entfaltung erreichte sie im Baugeschehen der Residenz erst nach 1800.

BILDTEIL

Titelblatt einer Teilausgabe des Werkes mit einem Dragoner des Chevaulegerregiments von Gersdorff in Dienstuniform (links) und einem Grenadier vom Infanterieregiment Kurfürst in Dienstuniform (rechts), in der Mitte eine kurfürstlich-sächsische Infanteriefahne und hinten eine Kavalleriestandarte, außerdem Kavallerietrompete, Offiziersdegen mit Portepee und Offiziersringkragen (Portepee und Ringkragen sind allgemeine Offiziersabzeichen)

Elbsandsteingebirge mit Königstein

Obelisk mit dem Silhouettenporträt von Friedrich August III., Kurfürst von Sachsen

Friedrichsgrund bei Pillnitz

In den Jahren 1780–1783 ließ Friedrich August III. den Friedrichsgrund als Fortsetzung des Pillnitzer Landschaftsgartens durch einen Fußweg erschließen und mit sentimentalen Zutaten schmücken.

(Das Denkmal befand sich nicht in der dargestellten Landschaft, dies trifft auch bei den folgenden Abbildungen zu)

Monument mit Silhouettenporträts von Friedrich August III., Kurfürst von Sachsen, Maria Amalia Augusta, Kurfürstin von Sachsen, und Maria Augusta, Prinzessin zu Sachsen, im Vordergrund ein Offizier der Garde du Corps in Paradeuniform

Zeitgenössisches Denkmal, von einer Balustrade mit schmückenden Urnenvasen begrenzt, in der Umgebung eines Landschaftsgartens. Das Motiv der Urnenvasen erfreute sich im Zeitalter der Empfindsamkeit besonderer Beliebtheit

Monument mit Silhouettenporträts des Anton, Prinz von Sachsen, und der Maria Theresia Josepha Charlotta, Prinzessin von Österreich, rechts ein Offizier vom Infanterieregiment Prinz Anton in Dienstuniform

Dresden
Zeitgenössische Gartenanlage mit kleinem Pavillon im Park des Prinzen Anton

Stele mit dem Silhouettenporträt der Maria Amalia, Prinzessin von Sachsen, verehelichte Herzogin von Zweibrükken, links ein Jagdpage (junger Adliger) in Galalivree

Moritzburg

Fasanenschlößchen und Voliere aus Lattenwerk, das sogenannte Garnhaus, um 1775 erbaut. Am Großteich ein künstlicher Hafen mit Leuchtturm, auf dem Wasser eine Fregatte. Bauten von J. D. Schade

Monument mit dem Silhouettenporträt des Maximilian, Prinz von Sachsen, und der Carolina Maria Theresia, Prinzessin von Parma, links ein Offizier vom Infanterieregiment Prinz Maximilian in Dienstuniform

Dresden

Regelmäßige Gartenanlage mit Allee und Topfpflanzen im Park des Prinzen Anton

Säulenmonument mit dem Silhouettenporträt der Maria Anna, Prinzessin von Sachsen, links ein kurfürstlicher Silberpage (junger Adliger) in Galalivree und rechts ein Kammerjunker (adliger Hofbeamter) in der Hofuniform

Friedrichsgrund bei Pillnitz

Bei dem Motiv (ausgenommen das Monument) handelt es sich vermutlich um «Amaliens Rosenhügel», eine der Kurfürstin gewidmete, im Sinne des empfindsamen Zeitalters gestaltete Anlage

Denkmal mit dem Silhouettenporträt des Franziskus Xaverius, Königlicher Prinz von Polen und Sachsen, links ein Offizier vom Infanterieregiment Prinz Xaver in Dienstuniform, am Denkmal links eine kurfürstlich-sächsische Standarte der Kavallerie und rechts eine Fahne der Infanterie, darunter ein Faschinenkorb und eine Trommel vom Infanterieregiment Prinz Xaver, im Hintergrund ein Feldlager der Infanterie

Sächsische Mittelgebirgslandschaft

Denkmal mit dem Silhouettenporträt des Carl Christian Joseph, Königlicher Prinz von Polen und Sachsen, Herzog zu Kurland und Semgallen, rechts ein Offizier vom Chevaulegerregiment Herzog von Kurland in Dienstuniform, links ein berittener kurfürstlich-sächsischer Jäger

Jagdforst mit Schutzhütte

Die im Geschmack des empfindsamen Zeitalters angelegten Schutzhütten dienten in der Regel zugleich der Wildfütterung, mitunter auch als Stallung

Stele mit dem Silhouettenporträt der Maria Elisabeth, königliche Prinzessin von Polen und Sachsen, rechts ein kurfürstlicher Kammerherr (adliger Hofbeamter) in Hofuniform

Moritzburg

Vorderansicht des Schlosses mit Haupteingang. Das Jagdschloß wurde 1542–1546 für Kurfürst Moritz erbaut. 1723–1736 erfolgte unter der Leitung M. D. Pöppelmanns eine wesentliche Erweiterung mit Terrassen, Rampen, Brücke, Treppen, Pavillons und Kavalierhäusern

Monument mit den Silhouettenporträts des Albertus Casimirus, Königlicher Prinz von Polen, Herzog zu Sachsen-Teschen, und der Maria Christina, Erzherzogin von Österreich, links ein Offizier des Chevaulegerregiments Prinz Albrecht in Dienstuniform, rechts ein Offizier des kaiserlich-österreichischen Kürassierregiments Herzog Albert von Sachsen-Teschen in Dienstuniform, links Standarte vom Chevaulegerregiment Prinz Albrecht sowie Pauke und Trompete, rechts Standarte der österreichischen Kavallerie neben Pallasch und Pauke

Landschaft, vermutlich Rheingegend

Stele mit dem Silhouettenporträt des Clemens Wenzeslaus, Königlicher Prinz von Polen und Sachsen, Kurfürst von Trier, Bischof von Augsburg und gefürsteter Probst zu Ellwangen, rechts ein Offizier vom Infanterieregiment Prinz Clemens in Dienstuniform

Vermutlich Rheinlandschaft mit Stadt

Kurfürst Friedrich August III. zu Pferde in der Uniform seines Kürassierregiments

Pillnitz

Elbansicht der Schloßanlage von Südosten. Rechts das im frühen 17. Jahrhundert erneuerte, 1828 abgebrannte Renaissanceschloß, daneben der achteckige Venustempel von Longuelune (1728) und (teilweise verdeckt) das Wasserpalais von M. D. Pöppelmann (1720/21), im Hintergrund die Hosterwitzer Dorfkirche «Maria am Wasser»

Kurfürst Friedrich August III. zu Pferde in der Uniform seines Infanterieregiments Kurfürst (unkolorierter Kupferstich)

Pillnitz

Elbansicht der Schloßanlage mit Borsberg und Blick zum Elbsandsteingebirge, flußaufwärts gesehen. Auf der Elbe kurfürstliche Gondeln

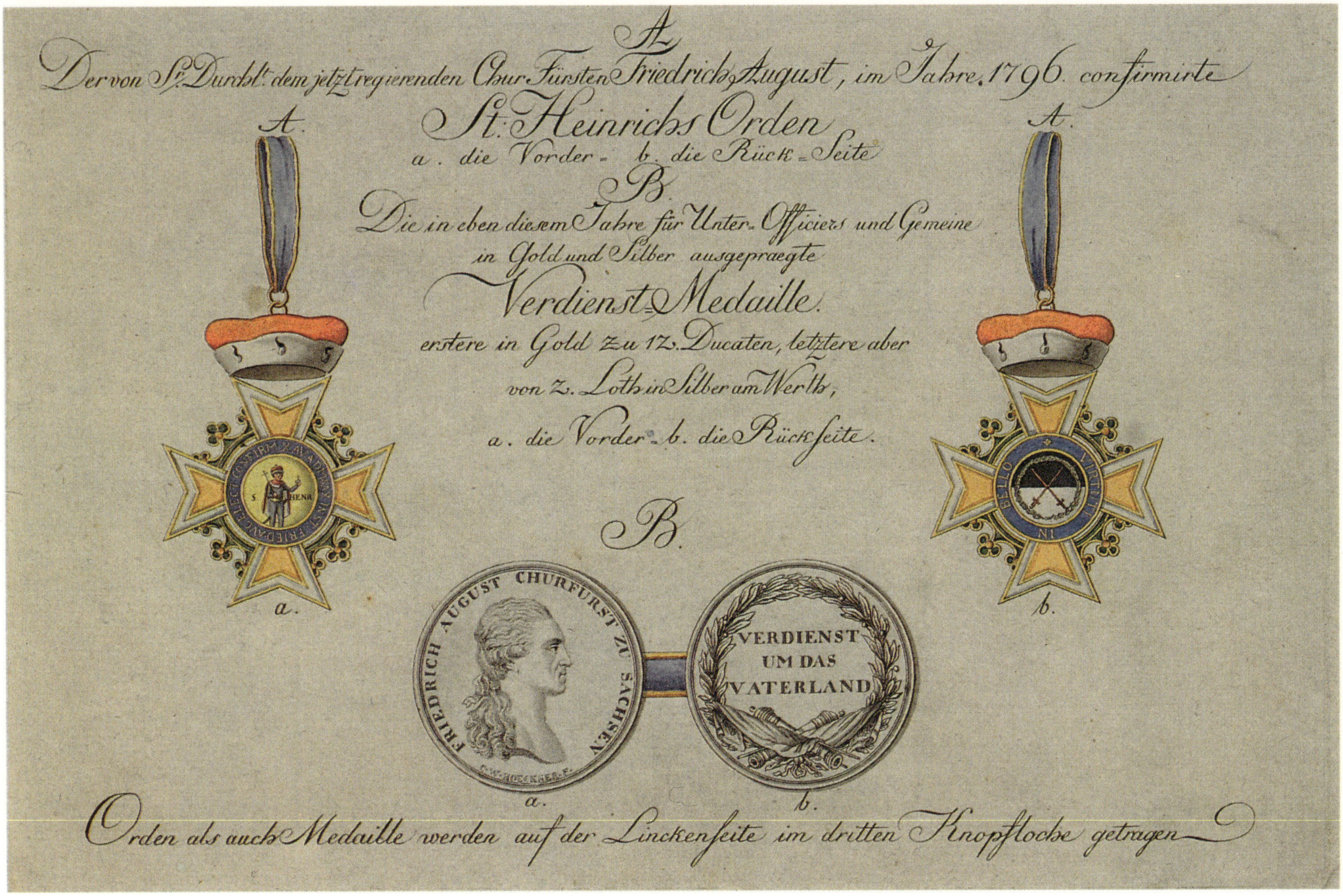

Kurfürstlich-sächsischer St.-Heinrichs-Orden in der Ausführung von 1796, Vorder- und Rückseite vom Kommandeurskreuz und Vorder- und Rückseite der Verdienstmedaille des obigen Ordens. Die Medaille wurde 1796 zur Auszeichnung von militärischen Leistungen der Unteroffiziere und Mannschaften gestiftet. Sie wurde in Gold und Silber verliehen

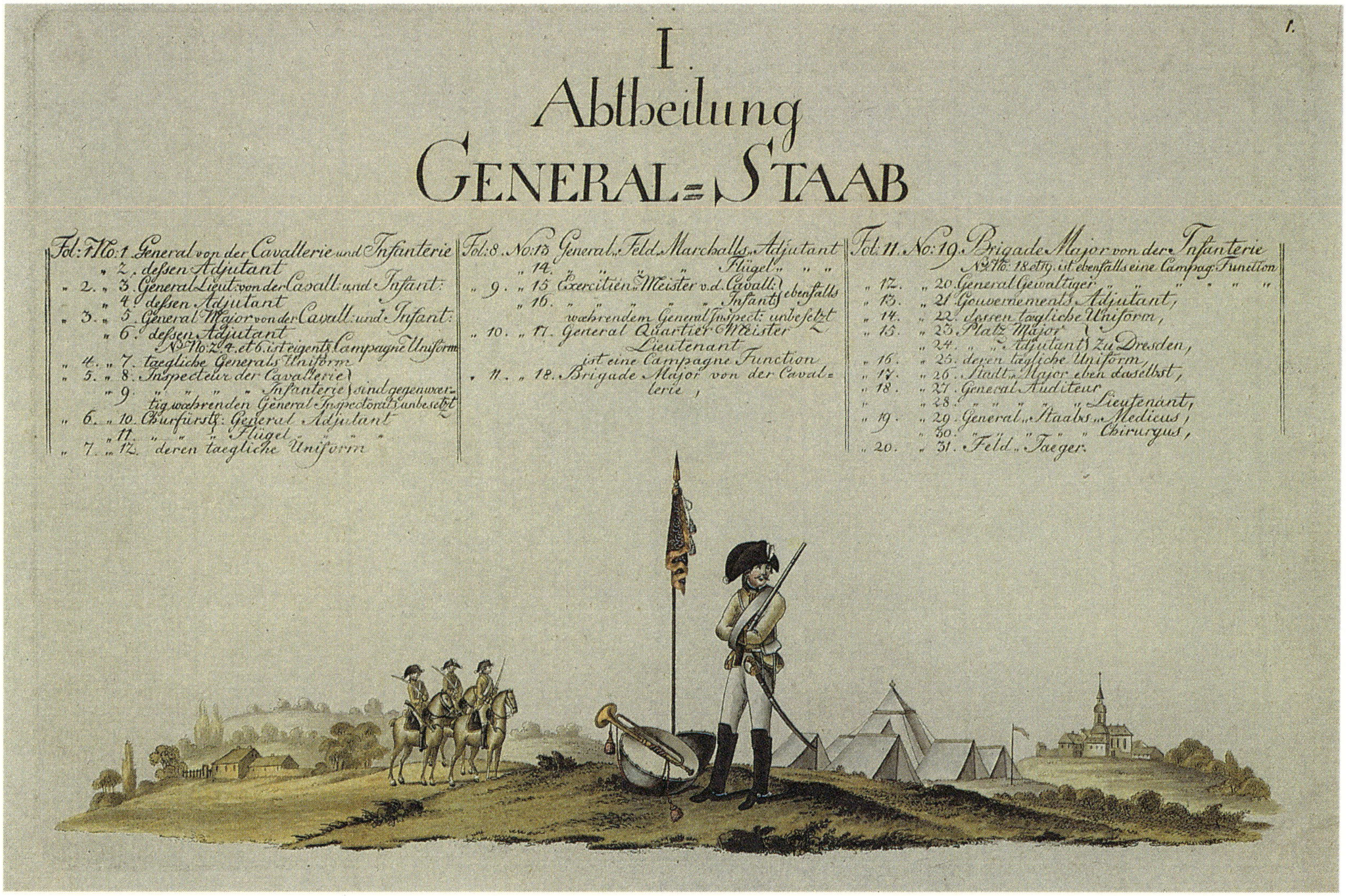

Titelblatt der I. Abteilung, Generalstab mit Szenerie eines kurfürstlich-sächsischen Feldlagers

General der Kavallerie und Infanterie in Paradeuniform (rechts) und Adjutant in Paradeuniform (links)

Generalleutnant der Kavallerie und der Infanterie in Paradeuniform (rechts) und Adjutant in Paradeuniform (links)

Generalmajor der Kavallerie und Infanterie in Paradeuniform (rechts) und Adjutant in Paradeuniform (links)

General in Dienstuniform

Inspekteur der Kavallerie (links) und Inspekteur der Infanterie (rechts) in Dienstuniform, beide Inspekteure waren Generale

Kurfürstlicher Generaladjutant in Paradeuniform (links) und kurfürstlicher Flügeladjutant in Paradeuniform (rechts), der Generaladjutant war gewöhnlich ein Oberst, der Flügeladjutant ein Major

Dienstuniform der General- und Flügeladjutanten

Adjutant eines Generalfeldmarschalls in Paradeuniform (links) und Flügeladjutant eines Generalfeldmarschalls in Paradeuniform (rechts), der erste Adjutant hatte den Rang eines Stabsoffiziers und der Flügeladjutant den eines Subalternoffiziers

Exerzitienmeister der Infanterie in Paradeuniform (links) und Exerzitienmeister der Kavallerie in Paradeuniform (rechts), Exerzitienmeister waren Stabsoffiziere

Dresden

Stadtansicht vom Ziegelschlag (auch Blasewitzer Schlag) der Pirnaischen Vorstadt aus. Dort befand sich seit 1788 der Exerzierplatz der Dresdner Garnison. Die Pirnaische Vorstadt, in der die Ziegeleien und Holzplätze der Stadt waren, galt als die reichste der Vorstädte. Sie wurde im Siebenjährigen Krieg fast vollständig vernichtet

Generalquartiermeister in Paradeuniform, als Stabschef der kurfürstlich-sächsischen Armee. Seit dem 18. Jahrhundert oblag ihm die Vorbereitung und Einleitung von militärischen Aktionen im Kriegsfall, die Funktion wurde nur im Kriegsfall ausgeübt bzw. vergeben

Brigademajor der Kavallerie in Paradeuniform (links) und Brigademajor der Infanterie in Paradeuniform (rechts), beide Offiziere waren Stabsoffiziere einer Brigade. Beide Tätigkeiten wurden nur im Kriegsfall ausgeübt

Generalgewaltiger in Dienstuniform, er war Vorgesetzter aller Profosen, im Hintergrund Szenerie mit Feldlager und Darstellung der Verfolgung eines Deserteurs in sächsischer Landschaft. Die Dienststellung des Generalgewaltigen ist nur im Kriegsfall vergeben worden

Gouvernementsadjutant von Dresden in Paradeuniform (links) und Ordonnanz vom Infanterieregiment Prinz Maximilian im Dienstanzug, er trägt einen Offiziersumhang

Sächsische Landschaft

Gouvernementsadjutant in Dienstuniform

Platzmajor der Garnison Dresden in Paradeuniform (rechts) und Platzadjutant in Paradeuniform (links), im Hintergrund links Infanteriemusketier als Wachtposten sowie Bürger und Kavallerist außer Dienst

Dresden

Der Neumarkt vom Jüdenhof aus. Links der Stallhof (1586/88, 1744/46 erweitert) mit der doppelläufigen «Englischen Treppe» (jetzt Verkehrsmuseum). Frauenkirche von George Bähr (1726–1743 erbaut), daneben Bürgerhäuser. Am Eingang zur Augustusstraße (links) das 1770 erbaute Hotel «Stadt Berlin»

Platzmajor (links) und Platzadjutant (rechts) der Garnison Dresden in Dienstuniform

Stadtmajor der Garnison Dresden in Dienstuniform, im Hintergrund links Bürger, rechts Wachposten der Infanterie

Dresden

Neustädter Markt mit Blockhaus und Reiterstandbild Augusts des Starken. Jetzt Straße der Befreiung.

Der alte Marktplatz war nach seiner Erweiterung Ausgangspunkt von drei barocken Straßenachsen. Das Blockhaus, 1732 von Longuelune begonnen, wurde 1755 als Neustädter Wache vollendet. Rechts Eingang in die Große Meißner Gasse mit dem Gebäude der Kriegskanzlei

Generalauditeur in Dienstuniform (links) und Generalauditeurleutnant in Dienstuniform (rechts). Der Generalauditeur war oberster Auditeur eines Heeres, ihm unterstanden teilweise mehrere Generalauditeurleutnante, im Hintergrund Infanteriewachposten

Dresden
Reformierte Kirche in der Kreuzgasse am Salomonistor. 1764–1767 an Stelle des 1760 zerstörten Fraumutterhauses nach dem Entwurf von S. Locke errichtet, 1907 abgebrochen. Das Salomonistor führte zu den Kasematten, in denen sich die Baugefangenen befanden

Generalstabsmedikus in Dienstuniform (links) und Generalstabschirurgus in Dienstuniform (rechts). Die beiden Mediziner hatten als Militärärzte den höchsten Rang inne und waren die obersten Leiter des Sanitätswesens des Heeres

Feldjäger in Dienstuniform. Das Feldjägerkorps hatte den Kurierdienst auszuüben, die Feldjäger standen zumeist im Range eines Subalternoffiziers. Im Hintergrund die szenische Darstellung der Ausübung des Kurierdienstes durch Feldjäger und Postillion

Sächsische Landschaft mit Dorf und militärischem Feldlager

Generalmajor in Paradeuniform (links) und Adjutant in Dienstuniform (rechts), im Hintergrund eine angetretene Formation der Leibgrenadiergarde mit Fahne und berittenem Offizier

Dresden

Exerzierplatz der Dresdner Garnison vor dem Ziegelschlag in der Pirnaischen Vorstadt mit den Loschwitzer Weinbergen im Hintergrund

Generalfeldmarschall in Paradeuniform (links) und General der Kavallerie oder Infanterie in Paradeuniform, im Hintergrund eine angetretene Formation des Regiments Garde du Corps mit Standarten und Offizier

Dresden

Exerzierplatz der Dresdner Garnison vor dem Ziegelschlag in der Pirnaischen Vorstadt mit den Loschwitzer Weinbergen im Hintergrund

Titelblatt Kavallerie mit der Darstellung einer sächsischen Ortschaft und eines kurfürstlich-sächsischen Kavalleriefeldlagers, links anreitende und fechtende Husaren, in der Mitte ein Trompeter der Chevaulegers, über den Fluß reitend zwei Dragoner und rechts Dragoner bei der Pferdepflege

Titelblatt II. Abteilung Kavallerie mit einer Gruppe angreifender Dragoner

Dresden

Silhouette der Stadt von der Neustädter Seite aus mit den markanten Wahrzeichen Frauenkirche, Kreuzkirche, Hausmannsturm des Residenzschlosses und Katholische Hofkirche (von links nach rechts)

Offizier vom Regiment Garde du Corps in Dienstuniform (links) und Trabant vom selben Regiment in Dienstuniform (rechts)

Offizier vom Regiment Garde du Corps in Paradeuniform, im Hintergrund Bürgerpaar

Dresden
Ansicht der Stadt vom Großen Garten aus

Offizier vom Regiment Garde du Corps in Exerzieruniform (rechts) und Trabant vom selben Regiment in Exerzieruniform (links)

Dresden

Haupttor zum Großen Garten, von der Stadt aus gesehen. Die seit 1720 ausgeführte Ummauerung und das westliche Haupttor wurden nach 1814 abgebrochen

Offizier vom Regiment Garde du Corps außer Dienst (links) und Trabant vom selben Regiment außer Dienst (rechts)

Dresden

Lunabastei mit Zwinger und Ostraallee. Auf dem Sockel der alten Stadtbefestigung erheben sich die Pavillons von Pöppelmanns Zwinger mit dem Kronentor (1714–1718). Die hölzerne Interimsbrücke über den Zwingergraben konnte im Kriegsfall abgebrochen werden. In der rechten Bildhälfte der Torturm über dem Wilsdruffer Tor, das zur Stadt führte

Offizier vom Karabinierregiment in Paradeuniform (links) und Trabant vom Regiment Garde du Corps in Exerzieruniform (rechts)

Offizier vom Karabinierregiment in Exerzieruniform, im Hintergrund links ein lagernder königlich-preußischer Musketier und ein königlich-preußischer Husar, rechts ein kaiserlich-österreichischer Dragoner und dahinter ein kurfürstlich-sächsischer Dragoner

Sächsische Landschaft

Kirche mit dem in Sachsen häufig anzutreffenden spitzen Turmhelm. Turmspitze mit Knauf und Fahne

Offizier vom Karabinierregiment in Interimsuniform (rechts), im Hintergrund übergibt ein kurfürstlich-sächsischer Chevaulegerkorporal einem königlich-preußischen Husaren einen Brief (links), in der Mitte lagern ein kurfürstlich-sächsischer Husar und ein Dragoner neben gesattelten sächsischen Kavalleriepferden

Sächsische Landschaft mit Dorf

Der Dachreiter der Dorfkirche wird von einer barocken Haube bekrönt

Offizier vom Karabinierregiment außer Dienst (links), rechts führt ein Husar Pferde mit einem verwundeten Dragoner und einem ihn stützenden Karabinier, im Hintergrund eine Artilleriestellung mit feuerndem Geschütz

Titelblatt Kürassiere

Irrtümlicherweise wurde hier eine Husarenformation dargestellt, wahrscheinlich ist das Blatt bei einer nachfolgenden Beschriftung verwechselt worden, links ein kommandierender Offizier, in der Antreteordnung links ein Trompeter sowie Husaren

Offizier vom Kürassierregiment Kurfürst in Paradeuniform (links) und Kürassier vom selben Regiment in Paradeuniform (rechts)

Offizier vom Kürassierregiment Kurfürst in Exerzieruniform (Mitte), Kürassier vom selben Regiment in Weste (links) und ein weiterer Kürassier außer Dienst in Kollett (rechts)

Korporal vom Kürassierregiment Kurfürst außer Dienst (links) sowie Kürassiere bei der Ausbildung von Remonten (junge noch auszubildende Pferde) vor sächsischer Landschaft mit Dorf

Offizier vom Kürassierregiment Kurfürst außer Dienst (links) und Kürassier des Kürassierregiments Kurfürst außer Dienst (rechts). Im Hintergrund Bürgerpaar

Plauenscher Grund bei Dresden

Blick zur Forsthausbrücke und Hegereiter-Gastwirtschaft am Eingang des Grundes. Das enge Durchbruchstal der Weißeritz zwischen den ehemaligen Dörfern Plauen und Potschappel und seine geweitete Fortsetzung bis Tharandt wurden während des empfindsamen Zeitalters als «Plauischer Grund» zum Inbegriff einer romantischen Landschaft. Die 1779–1782 aus Sandstein erbaute Brücke war weithin bekannt

Offizier vom Kürassierregiment von Zezschwitz in Paradeuniform (links) und Kürassier vom selben Regiment in Paradeuniform (rechts)

Offizier vom Kürassierregiment von Zezschwitz in Exerzieruniform (Mitte), Offizier vom selben Regiment in Interimsuniform (rechts) und Offizier ebenfalls vom Kürassierregiment von Zezschwitz außer Dienst (links), im Hintergrund sächsische Landschaft

Offizier vom Kürassierregiment von Zezschwitz in Interimsuniform (links), auf der rechten Seite Trompeter und Pauker in Dienstuniform und Kürassierwachposten zu Fuß. Als Zeichen ihrer Tätigkeit trugen die Musiker zwei sogenannte Flügel auf dem Rücken des Kolletts, im Hintergrund rechts Kasernengebäude

Offizier vom Kürassierregiment von Zezschwitz außer Dienst (Mitte), im Hintergrund Kürassiermannschaften vom selben Regiment bei verschiedenen Tätigkeiten in Umgebung der Stallungen, rechts Kürassierkorporal in Dienstuniform

Titelblatt mit der Darstellung eines Überfalls von kurfürstlich-sächsischen Husaren auf einen französischen Transport

Offizier vom Chevaulegerregiment Herzog von Kurland in Paradeuniform (rechts) und Dragoner in Paradeuniform (links)

Offizier vom Chevaulegerregiment Herzog von Kurland außer Dienst, im Hintergrund Kavalleriemannschaften und Bürger

Elsterwerda (Kreis Liebenwerda)

Barockschloß und Park. Das Schloß entstand 1720–1737 auf den Überresten einer aus dem 13. Jahrhundert stammenden Burg, die am Übergang der Straße Dresden–Berlin über die Schwarze Elster errichtet worden war. Das neue Schloß diente als kurfürstliches Jagdschloß

Offizier des Chevaulegerregiments Prinz Albrecht in Paradeuniform (rechts) und Dragoner in Paradeuniform (links)

Offizier vom Chevaulegerregiment Prinz Albrecht in Exerzieruniform (rechts) und angetretene Dragoner mit Trompeter und Standarte

Offizier vom Chevaulegerregiment Prinz Albrecht außer Dienst (links) und Dragoner vom selben Regiment in Dienstuniform (rechts)

Sächsische Landschaft mit Dorf
Vermutlich Kreischa (Kreis Freital)

Titelblatt mit der Darstellung kurfürstlich-sächsischer Kavalleristen und einer Gruppe gefangener französischer Soldaten

Offizier vom Chevaulegerregiment Prinz von Sachsen-Weimar in Paradeuniform (links) und Dragoner vom selben Regiment in Paradeuniform (rechts)

Offizier vom Chevaulegerregiment Prinz von Sachsen-Weimar in Exerzieruniform (links) und Trompeter vom selben Regiment (rechts). Musiker trugen gewöhnlich gewechselte Farben und als besondere Abzeichen ihrer Tätigkeit sogenannte Flügel auf dem Rückenteil des Rockes

Martinskirchen (Kreis Liebenwerda)

Schloß (links) mit Wirtschaftsgebäuden und Stallungen. 1751–1756 erbaut, vermutlich nach Entwürfen von F. A. Krubsacius für den Grafen Friedrich Wilhelm v. Brühl, den Bruder des sächsischen Ministers. Rechts die Dorfkirche, ein Backsteinbau um 1200, 1690–1699 erweitert

Offizier vom Chevaulegerregiment von Gersdorff außer Dienst (Mitte), links Offiziersdiener vom selben Regiment, rechts Dragoner vom Chevaulegerregiment von Gersdorff und Husar vom Husarenregiment

Nossen (Kreis Meißen)

Blick auf das Schloß und den Ort. Die ehemalige Burg, von der kaum Reste erhalten geblieben sind, wurde im 12. Jahrhundert errichtet. Die Renaissancebauten entstanden zwischen 1512 und 1628, in wesentlichen Teilen nach den Zerstörungen im Dreißigjährigen Krieg

Offizier des Chevaulegerregiments von Gersdorff in Parade-uniform (links) und Dragoner in Paradeuniform (rechts)

Offizier des Chevaulegerregiments von Gersdorff in Exerzieruniform (Mitte), im Hintergrund Mannschaften, Trompeter und Standarte vom selben Regiment vor typischer sächsischer Landschaft mit Fluß

Offizier vom Chevaulegerregiment von Gersdorff außer Dienst (links) und Dragoner vom selben Regiment in Weste und Lagermütze mit ungesatteltem Kavalleriepferd (unkolorierter Kupferstich)

Liebenwerda, Schloßruine

Das Schloß wurde zwischen 1568 und 1579 an Stelle einer Wasserburg aus dem 12. Jahrhundert errichtet. Es brannte im 18. Jahrhundert ab. Von der mittelalterlichen Anlage ist noch der «Lubwart», ein backsteingotischer Bergfried, erhalten

Offizier vom Chevaulegerregiment Herzog von Kurland in Dienstuniform (links) und Dragoner vom Chevaulegerregiment Prinz Albrecht im Dienstanzug (rechts)

Mainz, Stadtansicht

Gegenüber der Mainmündung am linken Ufer des Rheins gelegen. Links der Dom, eines der bedeutendsten Bauwerke der deutschen Hochromanik. 975 begonnen, Hauptbauzeit 1118–1137. Dom und Stadt 1793 während der Belagerung durch Brände stark zerstört, im 19. Jahrhundert wiederaufgebaut

Dragoner vom Chevaulegerregiment Herzog von Kurland (links) und Dragoner vom Chevaulegerregiment Prinz Albrecht (rechts) im bewaldeten Gelände, beide Dragoner tragen Dienstuniform

Titelblatt Husaren, auch bei diesem Blatt wurden Text und Darstellung verwechselt, die angetretene Formation stellt Kürassiere vom Kürassierregiment Kurfürst vor, rechts Offizier, links Trompeter und Kürassiere in Exerzieruniform

Dresden

Vermutlich Blick vom Ostragehege zur Matthäuskirche in Dresden-Friedrichstadt von M. D. Pöppelmann, die 1728–1732 erbaut wurde

Offizier vom Husarenregiment in Paradeuniform (links)
und Husar in Paradeuniform (rechts)

Husarenoffiziere vom Husarenregiment in Dolman (links) und Husaren in Dolman (Mitte und rechts), rechts Offizierspferd, links Mannschaftspferd haltend. Ein Dolman ist eine kurze, geschnürte Jacke

Husarenoffizier in Interimsuniform, links dahinter Husar außer Dienst mit Lagermütze sowie russische Pferdewärter mit Remonten, neben dem Offizier im Hintergrund Bürger mit Knaben, die die Pferde betrachten. Die Umgebung stellt eine sächsische Landschaft dar

Russische Pferdewärter beim Einfangen von Remonten in einer umzäunten Koppel

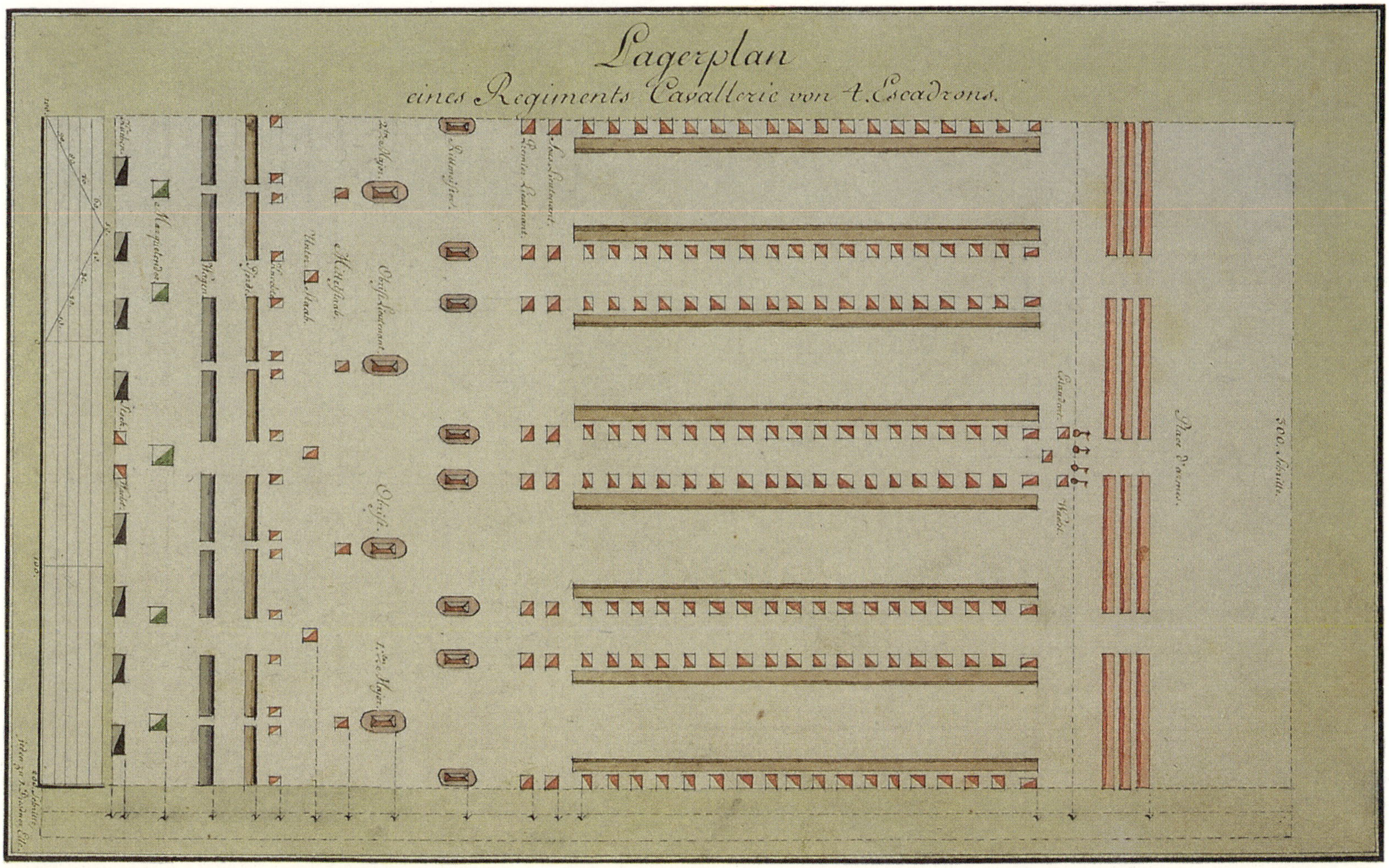

Lageplan eines kurfürstlich-sächsischen Kavallerieregiments

Subalternoffiziere à la suite oder von der Armee (Offiziere à la suite waren zugeteilte Offiziere ohne Stammtruppenteil, Offiziere von der Armee hatten als verabschiedete Offiziere das Recht, die Uniform weiterhin zu tragen), links Infanterie-, rechts Kavallerieoffiziere

Bautzen

Südansicht der Altstadt mit Spreewehr vom Scharfensteg aus. Die Baugruppe der Alten Wasserkunst (nach 1558 erbaut) und Michaeliskirche (1520 vollendet) gilt als Wahrzeichen der wehrhaften Stadtanlage

Titelblatt Infanterie mit Formationen bei der Ausbildung in bewaldetem Gelände, Mitte Offizier vom Infanterieregiment von Lindt mit Grenadieren, links Grenadiere, rechts Musketiere, davor Kanoniere mit Geschütz

Titelblatt III. Abteilung.

Infanterie samt Zubehör, erster Abschnitt examinierte Korps, adliges Kadettenkorps, Ingenieurkorps, Feldartilleriekorps und Leibgrenadiergarde

Dresden

Panoramablick zur Neu- und Altstädter Seite aus der Gegend von Pieschen. In der Bildmitte die Augustusbrücke, die 1727–1731 von Pöppelmann und Fehre erneuert und erweitert wurde

Titelblatt adliges Kadettenkorps und Ingenieurkorps mit Tambour vom Kadettenkorps

Dresden

Das Bautzener oder Schwarze Tor in der Neustadt, von außen gesehen. Die Befestigung wurde 1632 begonnen. 1802 erfolgte der Neubau und 1812 der Abbruch. Vom Schwarzen Tor aus führte die damalige Hauptstraße zum Blockhaus und zur Augustusbrücke. Links bis Bildmitte militärische Magazine und Kasernen, daneben Dreikönigskirche, im Hintergrund Katholische Hofkirche und Hausmannsturm des Schlosses

Offizier vom Kadettenkorps in Paradeuniform (links) und Kadett in Paradeuniform (rechts)

Dresden

Breite Gasse mit Kadettenhaus und Ritterakademie (Wackerbarthsches Palais) in der Neustadt. Der Bau wurde von J. Ch. Knöffel nach 1722 begonnen und als Militärakademie 1726 eingeweiht. Im vorderen Hauptgebäude befanden sich Offizierswohnungen und Ställe. Der kasernenmäßige Wohntrakt wurde 1730 von Kadetten bezogen. Das Korps von 150 Mann rekrutierte sich aus dem Adel des Landes

Exerzierausbildung im geschlossenen Raum, Offizier vom Kadettenkorps in Paradeuniform (Mitte), Tamboure vom Kadettenkorps in Paradeuniform (Rückenansicht), Unteroffizier vom Kadettenkorps in Paradeuniform (links) und Kadetten in Paradeuniform. Tamboure tragen bereits als Kennzeichen ihrer Tätigkeit und Funktion eine frühe Form von Schwalbennestern auf beiden Oberarmen

Dresden
Großer Saal des ehemaligen Kadettenhauses

Offizier vom Kadettenkorps in Interimsuniform (Dienstuniform) (links) und Kadett außer Dienst (rechts)

Dresden

Blick vom Eingang der Hauptstraße (jetzt Straße der Befreiung) auf die Dreikönigskirche und die Festungsanlage des Schwarzen Tores. Der dritte Bau der Dreikönigskirche wurde nach den Entwürfen von G. Bähr und M. D. Pöppelmann in den Jahren 1732–1739 errichtet, der Turm erst 1854–1857 erbaut. Kirche 1945 ausgebrannt, zur Zeit Rekonstruktion

Offizier vom Kadettenkorps in Interimsuniform (rechts) und Kadett außer Dienst (links)

Dresden

Blick elbaufwärts zur Neu- und Altstädter Seite aus der Gegend von Pieschen. Oberhalb der Brücke die Brühlschen Bauten auf dem Festungswerk. Dahinter erhebt sich die Frauenkirche von G. Bähr, rechts daneben die Katholische Hofkirche von G. Chiaveri, W. C. v. Klengels Hausmannsturm des Schlosses und der Turm der Kreuzkirche von A. Hölzer

Ingenieuroffizier vom Ingenieurkorps in Dienstuniform (links) und Kondukteur (unterster Offiziersrang des Artillerie- und Ingenieurkorps) außer Dienst (rechts)

Dresden

Das Japanische Palais, die Front nach dem Platz. Daneben die Festungswerke mit dem 1718 errichteten und 1817 abgebrochenen Weißen Tor M. von Fürstenhoffs und J. R. Fäschs.

Das Japanische Palais ging aus dem 1715 erbauten «Holländischen Palais» hervor und wurde 1727–1735 nach Entwürfen Z. Longuelunes, M. D. Pöppelmanns, J. C. Knöffels und J. de Bodts erweitert. Nach dem Siebenjährigen Krieg erneuert

Titelblatt Feldartilleriekorps

Der Titel ist an einem Ehrenmal angebracht, daneben stehend Kanonier in Dienstuniform, in der Umgebung Faschinen und Werkzeuge sowie Geräte zum Faschinenbau

Titelblatt Feldartilleriekorps mit Artilleriepark und Artilleriefeldlager im Gelände

Offizier vom Feldartilleriekorps in Paradeuniform (Mitte), Korporal in Paradeuniform (links) und Kanonier in Paradeuniform (rechts)

Dohna (Kreis Pirna)

Blick auf die spätmittelalterliche Stadt und die Burgruine. Die Burg, um 1040 über der Müglitz errichtet, schützte die einstige Paßstraße nach Böhmen und wurde später als Reichsgrafenburg ausgebaut. Nach der Zerstörung im 15. Jahrhundert Ruine. Spätgotische Stadtkirche aus dem Jahr 1489

Offizier vom Feldartilleriekorps in Interimsuniform

Meißen

Stadtansicht vom Spaargebirge über die Elbe. Der malerische Blick zeigt den Burgberg mit der Albrechtsburg. Dom und Bischofssitz, den St.-Afra-Berg mit der Klosterkirche und den Altstadtkern mit der Frauenkirche. Die Elbbrücke mit Sprengwerk und gedeckten Holzjochen wurde für ein «Kunststück in ganz Deutschland» gehalten. Sie ist 1757 abgebrannt und wurde nach dem Friedensschluß wiederhergestellt

Bespannte Regimentskanone des Feldartilleriekorps mit Mannschaften, links Offizier des Feldartilleriekorps in Dienstuniform, daneben Feuerwerker (Unteroffizier) in Dienstuniform und rechts Artilleriezimmermann in Dienstuniform, an den Pferden zwei Artilleriepferdeknechte, im Hintergrund links oben ein Feldlager im Gelände

Stabsoffizier des Feldartilleriekorps zu Pferde in Dienstuniform (links) und Oberfeuerwerker (Feldwebel) in Dienstuniform (rechts), in der Mitte Regimentskanone, Schanzkörbe und Sandsäcke, rechts eine Faschinenwand

Feldartilleriekorps, Protze mit Munitionswagen, rechts Korporal des Feldartilleriekorps im Dienstanzug in sächsischer Landschaft

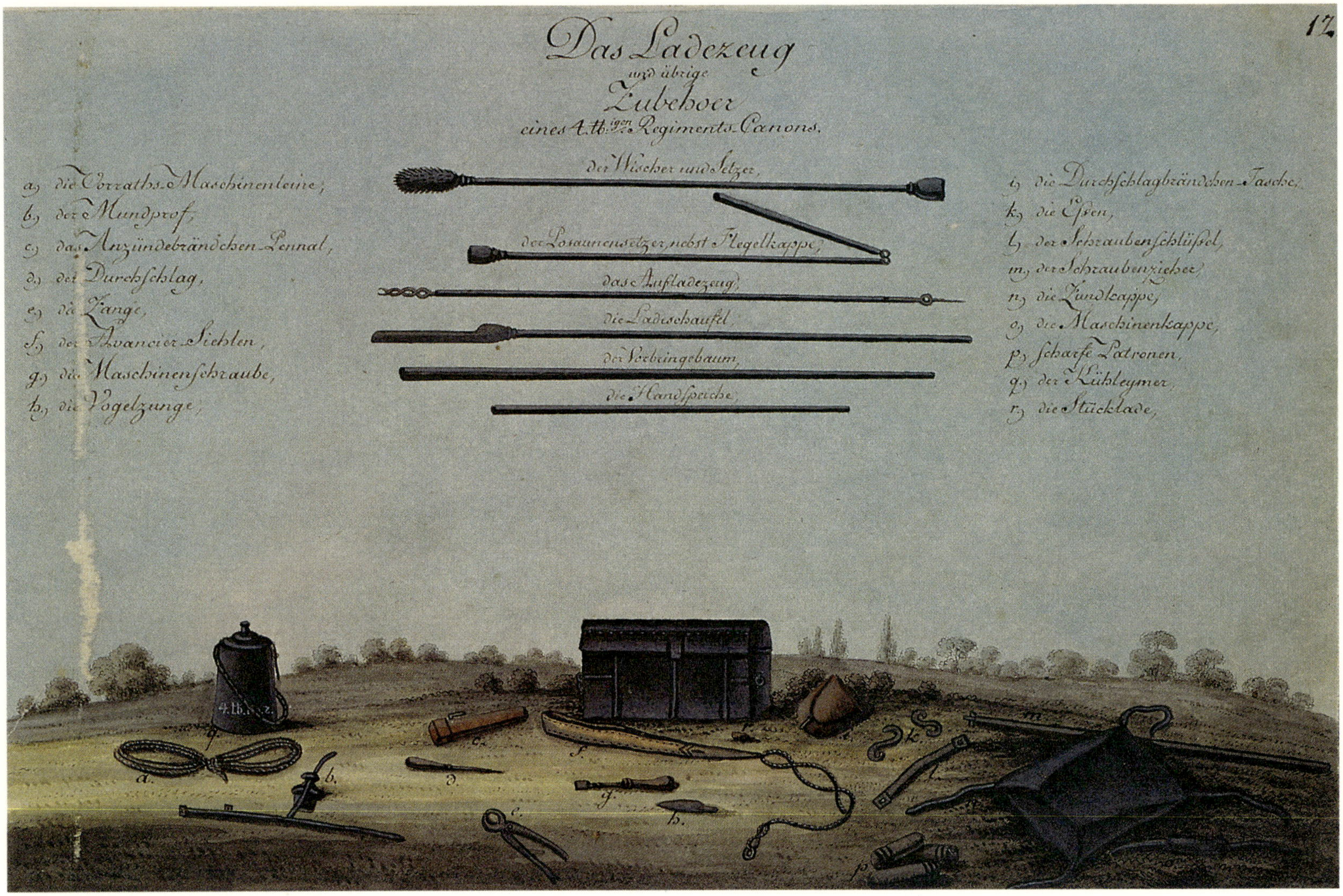

Feldartilleriekorps, das Ladezeug und Zubehör einer vierpfündigen Regimentskanone.

Zubehör einer vierpfündigen Kanone:

- Wischer
- Setzer
- Handspeiche
- Aufladezeug
- Vorbringebaum
- Hand
- Vorrats-Maschinenleine
- Mundpfropf
- Anzündebrändchen (Pennal)
- Durchschlag
- Zange
- Avanciersielen
- Maschinenschraube
- Vogelzunge
- Durchschlagbrändchentasche
- Essen
- Schraubenschlüssel
- Schraubenzieher
- Zündkappe
- Maschinenkappe
- scharfe Patronen
- Kühleimer
- Stücklade
- Posaunensetzer nebst Flegelklappe

Titelblatt zum Feldartilleriekorps mit Darstellung eines Zielschießens im Gelände, rechts zwei Artillerieoffiziere zu Pferde und Kanonier am feuernden Geschütz

Feldartilleriekorps, Kanoniere in Dienstuniform, Figur 1 Kanonier mit Anzündebrändchen, Figur 2 Unteroffizier mit Durchschlagbrändchentasche, Figur 3 Kanonier mit den Avanciersielen und Stange, Figur 4 Kanonier mit Ladeschaufel, Figur 5 Kanonier mit Wischer und Aufladezeug

Freiberg

Stadtansicht mit den Türmen der Petrikirche, dem Schloß Freudenstein (links) und der Befestigungsanlage.

Die berühmte erste freie Bergstadt Deutschlands wurde durch ihren Silberbergbau Quelle des Reichtums der sächsischen Herrscher und eine wohlhabende Bürgerstadt

Feldartilleriekorps, Offizier und Mannschaften in Dienstuniform an einer Haubitze, links Offizier, Kanonier 1 richtet, Kanonier 2 führt Munition ein, Kanonier 3 setzt an, Kanonier 4 feuert, Kanonier 5 holt Munition, Kanonier 6 und 7 tragen die Lafette, Kanonier 8 trägt das Schußkästchen, links neben Kanonier 1 steht der Unteroffizier

Sächsische Landschaft mit Dorf

Feldartilleriekorps, Offizier mit Mannschaften in Dienstuniform mit Mörser, Bomben (gegossene eiserne Hohlkugeln) und Magazin, links Offizier, 1. Unteroffizier steht richtend und dirigierend hinter dem Mörser, Kanonier 1 lädt, Kanonier 2 steht vor dem Mörser mit Hebebaum, Kanonier 3 steht vor dem Mörser mit Lappen, Kanonier 4 feuert, Kanonier 5 steht hinter dem Mörser mit Hebebaum, Kanonier 6 holt Pulver, Kanonier 7, 8, 10 und 11 holen Bomben, Kanonier 9 ist Gehilfe im Magazin, 2. Unteroffizier steht rechts neben den Bomben, ist verantwortlich für Munitionsversorgung und Magazin

Augustusburg

Blick auf die Schloßanlage und die Stadt. Die Vierflügelanlage im Renaissancestil wurde in den Jahren 1567–1572 durch den Leipziger Baumeister H. Lotter auf den Ruinen der zerstörten Burg Schellenberg als repräsentatives Jagd- und Lustschloß für den sächsischen Kurfürst August erbaut

Feldartilleriekorps, Mörser auf einen Transportwagen verladen (rechts), Offizier des Feldartilleriekorps zu Pferde in Dienstuniform

Meißen

Blick auf den Burgberg mit Dom und Albrechtsburg und das westlich davon gelegene Meisatal. Links der Kirchturm von Meißen-Zscheila

Titelblatt zum Feldartilleriekorps mit Offizier des Feldartilleriekorps in Interimsuniform

Meißen
Stadtansicht vom Spaargebirge über die Elbe

Feldartilleriekorps, eine zwölfpfündige Kanone mit Bedienungsmannschaft, 3. von links Offizier in Dienstuniform, 4. und 5. von links Unteroffiziere, 1. und 2. sowie 6.–8. Mannschaften, alle in Dienstuniform

Mineur (Spezialist des Minenlegens) vom Feldartillerie-korps in Dienstuniform, rechts Schiffer auf der Elbe bei Königstein

Königstein

Ort mit Festung, Blick gegen Osten. Die Festung befindet sich auf einem Sandsteinplateau 240 m über der Elbe. Sie ist eine der größten erhalten gebliebenen europäischen Festungsanlagen mit Siedlungscharakter. Ab 1589 im Bau, besaß die Festung trotz aller Aufwendungen nie strategische Bedeutung. Sie diente meist nur dem Hof als Zufluchtsort und als Staatsgefängnis

Feldartilleriekorps, Mannschaften des Feldartilleriekorps in Dienstuniform beim Faschinenbau, in der Mitte Offizier des Feldartilleriekorps in Dienstuniform, links Faschinenbank (Gestell zum Faschinenbinden), rechts durch Faschinen verkleideter Erdwall. Faschinen sind dünne Bunde oder Rollen von Baumzweigen, die mit langen Wieden (Ruten) zusammengebunden werden, es gab etwa sechs verschiedene Arten von Faschinen

Dresden
Stadtansicht aus dem Großen Garten

Feldartilleriekorps, Darstellung einer künstlichen Befestigung im Gelände:

a – Waldstück mit Verhau (umgelegte und teilweise befestigte Bäume und Büsche)

b – Alarmstangen (zur Alarmierung der Truppen)

c – Wolfsgruben (Fallgruben mit angespitzten Pfählen im Mittelpunkt)

d – Redoute (geschlossene Schanze, aus natürlichem Material künstlich angelegt)

Feldartilleriekorps, Feldschanze und Batterie mit Geschützen (rechts), im Hintergrund sächsische Landschaft mit Fluß und Pontonbrücke (Feldschanzen und Batterien waren Teile einer Feldbefestigung, die für Verteidigungs- oder Angriffshandlungen angelegt wurden)

Feldartilleriekorps, verschiedene Teile einer Feldbefestigung:

a – Bank (sollte feuernden Mannschaften bzw. Geschützen einen festen Standort und Deckung geben)
b – Sandsäcke
c – spanische Reiter (Sperre)
d – Schanzkörbe (über einem Kranz von Pfählen aus Reisig wie Körbe geflochtene Zylinder, die, mit Erde gefüllt, zum Schutze der Artillerie Verwendung fanden)
e – Faschinen
f – Brustwehr mit Epaulement gegen Geschütz- und Handfeuerwaffenfeuer schützende Deckung (Epaulement – besonderer Graben innerhalb einer Brustwehr zum Schutz von Menschen und Material)

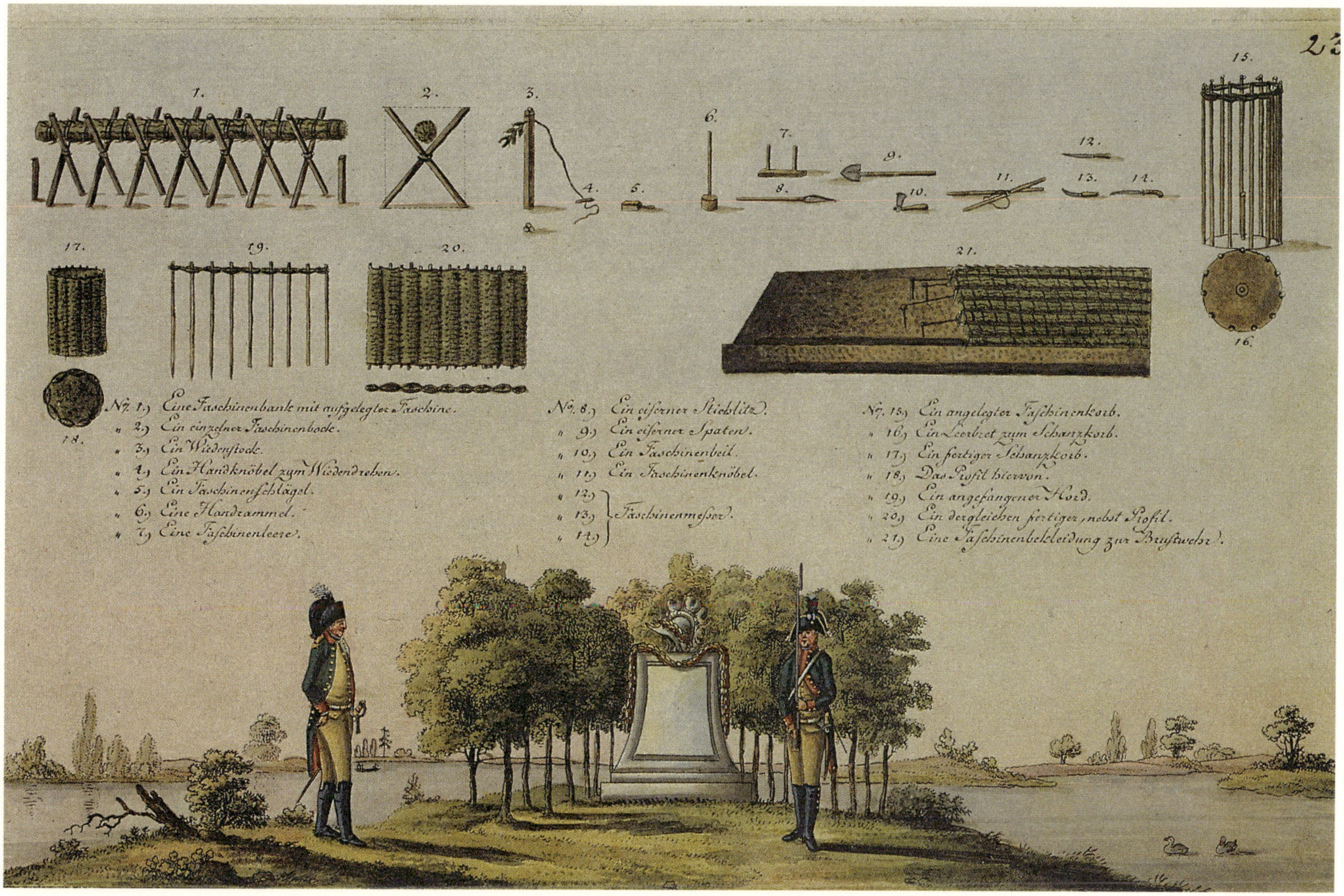

Feldartilleriekorps, Werkzeuge und Material sowie Teile des Faschinenbaus, darunter links Offizier des Feldartilleriekorps in Dienstuniform, Mitte barockes Denkmal mit umgebender Teichlandschaft, rechts Kanonier im Dienstanzug, das Gewehr präsentierend.

Werkzeuge und Gegenstände des Faschinenbaus:

1. Faschinenbank mit aufgelegter Faschine
2. Faschinenbock
3. Wiedenstock
4. Handknebel zum Wiedendrehen
5. Faschinenschlägel
6. Handrammel
7. Faschinenlehre
8. eiserner Stichlitz
9. eiserner Spaten
10. Faschinenbeil
11. Faschinenknebel
12. }
13. } Faschinenmesser
14. }
15. angelegter Faschinenkorb
16. Lehrbrett für den Schanzkorb
17. fertiger Schanzkorb
18. Schanzkorb im Profil
19. angefangener Hord
20. ein fertiger Hord (und im Profil)
21. Faschinenbekleidung einer Brustwehr

Titelblatt Feldartilleriekorps, Pontoniere

Pillnitz

Elbansicht der Schloßanlage von Südosten. Das Schloß diente von 1765 bis 1918 als Sommersitz des kurfürstlich-sächsischen beziehungsweise königlich-sächsischen Hofes

Feldartilleriekorps, Pontonier vom Feldartilleriekorps in Paradeuniform

Pillnitz

Elbansicht mit Blick zum Borsberg. Neben den bereits beschriebenen Bauten (Tafel 13 und 109) ist links das Bergpalais M. D. Pöppelmanns zu sehen, das 1722/24 als Gegenstück zum Wasserpalais entstand. Links daneben die 1723–1727 von Pöppelmann erbaute Weinbergkirche. Auf der Elbe befinden sich kurfürstliche Gondeln

Feldartilleriekorps, Pontonier im Dienstanzug und abgelegte Pontons (lange flache Bootskörper zum Brückenbau)

Dresden

Schloß Übigau («Persianisches Schlößchen»). 1724/25 von E. von Göthe für den Grafen Flemming errichtet, 1726 von August dem Starken erworben. Aus dieser Zeit stammen die französischen Gartenanlagen, die Pavillons und die Treppe zur Elbe mit Anlegestelle für die Gondeln

Feldartilleriekorps, Pontonieroffizier in Paradeuniform (links) und Pontonier in Paradeuniform (rechts) sowie auf einem Transportwagen befestigter Ponton (links auf dem Wagen ein Pontonanker)

Neuhirschstein (Kreis Riesa)

Blick elbabwärts zum Schloß. Das Schloß, auf einem Felsvorsprung am linken Elbufer errichtet, geht vermutlich auf eine Gründung König Heinrichs I. zurück. Der stattliche Baukomplex im Norden entstand um 1700. Turm mit barocker Haube. Heute als Kindersanatorium genutzt

Feldartilleriekorps, Pontonier in Weste (Arbeitsanzug), die Wagendeichsel haltend, Uniformrock und Blankwaffe wurden abgelegt, rechts Ponton mit Anker auf Transportwagen

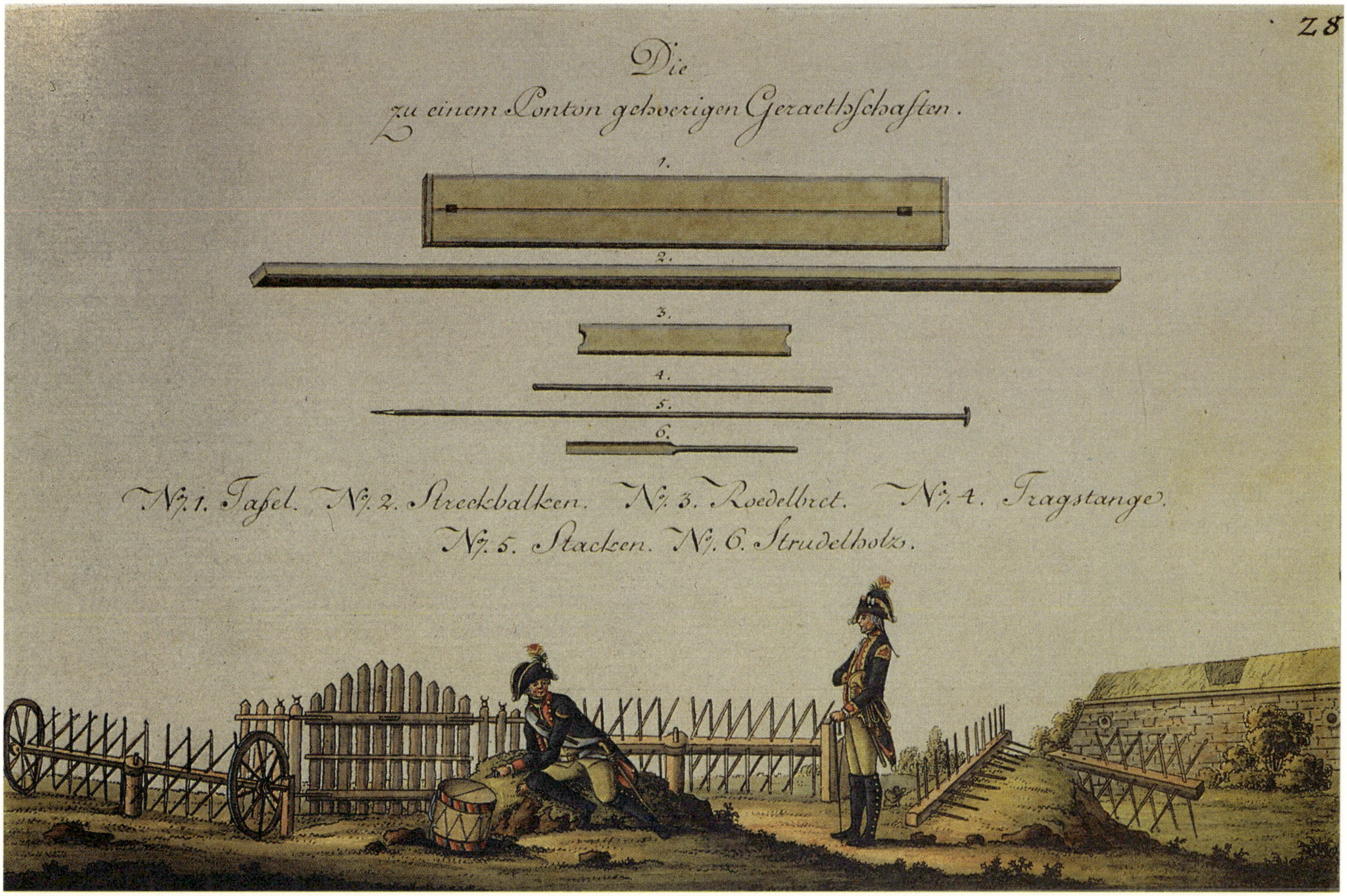

Feldartilleriekorps, Pontoniergeräte:
1. Tafel
2. Streckbalken
3. Rödelbrett
4. Tragstange
5. Stange
6. Strudelholz
darunter Tambour (links) und Hoboist (rechts) des Feldartilleriekorps in Dienstuniform, im Hintergrund verschiedene Sperren (spanische Reiter) und massive Befestigung (rechts)

Titelblatt Feldartilleriekorps, Wagenpark

Weesenstein (Kreis Pirna)

Blick von Nordosten auf das Schloß und den Ort. Das Schloß, im Aufbau der Felskuppe folgend, wurde als Schutzburg 1318 erstmals erwähnt. Turm und Felsengelasse stammen aus der älteren Vergangenheit. Im 16./17. Jahrhundert wurde die Anlage erweitert. Prächtige Innenräume mit reichen Stuckarbeiten und wertvollen Tapeten

Feldartilleriekorps, schwerer Munitionswagen für achtpfündige Granaten

Dresden

Die Loschwitzer Weinberge, elbaufwärts vom Lincke-schen Bad aus gesehen. Vorn rechts die ehemalige Gaststätte Antons an der Elbe von S. G. Zug (1754).

Seit 1569 erfolgten Rodungen für die Anlage von Weinbergen. Im 17. und 18. Jahrhundert durch Adlige und wohlhabende Bürger vielfach als Sommersitz genutzt. Auf der Elbe Lastensegler

Feldartilleriekorps, Kugel- und Requisitenwagen (Geschützzubehör) für vierpfündige Kugeln, rechts Korporal des Feldartilleriekorps in Dienstuniform

Rathen und Berge der Sächsischen Schweiz

Die einzigartige Felslandschaft, deren Schönheit als «Sächsische Schweiz» im 18. Jahrhundert entdeckt wurde, führte zu einem Aufschwung des Fremdenverkehrs. Die Steinbrüche lieferten Jahrhunderte hindurch Quadersandstein als Baumaterial für viele elbabwärts gelegene Städte

Titelblatt Feldartilleriekorps, Wagenpark

Bärenstein (Kreis Dippoldiswalde)

Schloß über dem Müglitztal mit umgebender Landschaft. Der Südteil mit dem Rundturm stammt aus dem 14. Jahrhundert. An ihn schließen die drei unregelmäßigen Schloßteile aus dem 15. und 16. Jahrhundert an

Feldartilleriekorps, Munitionswagen für vierpfündige Granaten, rechts Kanonier des Feldartilleriekorps in Dienstuniform, Wache stehend

Hochkirch (Kreis Bautzen)

Dorfkirche von 1720 mit mächtigem Ostturm. Die Kanonenkugeln an den Außenmauern der heutigen Kirche erinnern an die Kämpfe zwischen der preußischen und österreichischen Armee im Jahr 1758 und die Schlacht bei Bautzen 1813

Feldartilleriekorps, Bombenwagen für Mörser, links Kompaniechirurg (Militärbeamter) in Dienstuniform und rechts Kanonier in Dienstuniform

Schieritz (Kreis Meißen)

Ort mit Schloß- und Rittergutskomplex. Das Schloß mit dem über 40 m hohen Turm und dem stilistisch angeglichenen Wirtschaftsgebäude beherrscht durch seine Lage weithin das Landschaftsbild. Bauzeit zwischen 1556 und 1601. Heute einer Hochschule angegliedert

Titelblatt Feldartilleriekorps, Wagenpark

Lauenstein (Kreis Dippoldiswalde)

Burg und Schloß über dem Müglitztal und der Stadt. 1249 erstmals erwähnt. Entstand als Wachburg für die nach Böhmen führende Straße. Mitte 16. Jahrhundert wurde neben der Burg ein Renaissanceschloß errichtet, wichtige Bauten Anfang des 17. Jahrhunderts. Heute zumeist Ruine

Patronenwagen der Infanterie, die Patronenwagen waren der jeweiligen Kompanie zugeteilt

Kloster Altzella bei Nossen (Kreis Meißen)

Ruine der spätromanischen Klosterkirche und von Teilen des ehemaligen Zisterzienser-Klosters Altzella, 1162 gestiftet. Ältestes und baugeschichtlich wichtigstes Kloster der Markgrafschaft Meißen. Die Klosterbauten wurden in der zweiten Hälfte des 16. Jahrhunderts nach der Säkularisation weitestgehend abgebrochen

Feldartilleriekorps, mobile Feldschmiede, Artillerieknechte in Dienstuniform, die Feuerholz auf einem Packpferd befestigen, vor dem Feldschmiedewagen steht ein transportabler Amboß

Schloß Siebeneichen (Kreis Meißen)

60 m über der Elbe auf einem Geländevorsprung gelegen. Der ältere, turmbewehrte Bau um 1550 (links), die jüngere Dreiflügelanlage (rechts) 1748 errichtet (nach dem Brand im 2. Schlesischen Krieg 1745). Jetzt als Fachschule genutzt

Feldartilleriekorps, Kohlenwagen (Holzkohle)

Radeberg (Landkreis Dresden), Stadtansicht

Der Ort entstand in Nachfolge der markmeißnischen Burg (später Schloß Klippenstein) des 13. Jahrhunderts. Die regelmäßig angelegte und später durch Mauern befestigte Stadt an der Röder wurde erstmals 1344 urkundlich erwähnt. Stadtkirche 1730 nach dem verheerenden Stadtbrand von 1714 wiederaufgebaut

Titelblatt Feldartilleriekorps, Requisitenwagen mit Angaben des Wageninhalts.

Inhalt eines Requisitenwagens:

- 1 Futterbank
- Kampirpfähle und Schlägel
- Kampirleine
- Zugstränge und Bindestränge
- Fouragierleine
- 1 Faß mit Hufeisen
- 1 Fäßchen mit Hufnägeln
- Futtersensen
- Nagelzeug
- Brustketten
- Deichselketten
- Kumte und Hintergeschirr
- Riemenseil
- Äxte
- Radehauen
- Protznagel
- Radenagel
- Lunte
- Futterschwinge
- Futtersäcke
- Futterbeutel
- Striegeln
- Kartätschen

Dresden

Das Wilsdruffer (Wilsches) Tor mit Torturm und Festungsmauer. Seit 1313 erwähnt, 1416 und 1548 erweitert, 1811 abgebrochen. Zugangsbrücke über den Zwingergraben. Rechts Saturnbastei mit Luftösen für die Kasematten, links vom Tor Bildwerk mit dem sächsisch-dänischen Allianzwappen. Links Zwinger und Opernhaus M. D. Pöppelmanns

Feldartilleriekorps, Requisitenwagen, der Inhalt des Wagens wurde für die Pferdeversorgung eingesetzt

Schandau und die Schrammsteine, elbaufwärts gesehen

Elbschiffahrt, Holz- und Getreidehandel sowie Handwerk waren wirtschaftliche Grundlagen der 1437 erstmals erwähnten Stadt. 1730 begann sich auf Grund des «Gesundbrunnens» das Badeleben zu entwickeln. Auf der Elbe Lastensegler, Holzfloß und Kähne

Titelblatt Feldartilleriekorps, Schanzzeugwagen, links Grenadierkorporal und Grenadier vom Infanterieregiment Kurfürst in Dienstuniform

Kaditz und Briesnitz bei Dresden, elbaufwärts gesehen

Das Platzgassendorf Kaditz (links) ist urkundlich seit 1269 belegt, älteste Teile der Kirche um 1500. Nach der Gründung der Mark und des Bistums Meißen wurde die sorbische Siedlung Briesnitz (rechts), weil am Bischofsweg Meißen–Bautzen gelegen, ausgebaut. 1071 Burgward. Um 1100 wichtigster kirchlicher Stützpunkt. Kirche 1273 erstmals erwähnt. 1474 und nach 1500 umgestaltet. Beide Dörfer heute Dresden eingemeindet. Im Hintergrund Plauen, Gorbitz und Pesterwitz (von links nach rechts)

Feldartilleriekorps, der Schanzzeugwagen, er hatte zum Inhalt:

90 eiserne Schaufeln
80 Radehauen
40 Spitzhauen
40 eiserne Spaten
15 Wagenäxte
15 Faschinenbeile
6 gerade Faschinenmesser
6 krumme Faschinenmesser

Döhlen

Dorf im Plauenschen Grund südwestlich von Dresden. Den Kern des Dorfes bildet neben der Kirche (gegen 1588 umgebaut) die Gebäudegruppe des ehemaligen Kammergutes mit Brauerei und Pfarrhaus. 1921 mit Deuben und Potschappel zur neuen Stadt Freital vereinigt

Titelblatt Feldartilleriekorps, Wagenpark

Tharandt (Kreis Freital)

Burgberg und Ort. Ruine des Hauptbaues der im 12./13. Jahrhundert gegründeten Burg. Eine der größten romanischen Burganlagen im sächsischen Raum. 1476/77 unter der Leitung Arnolds von Westfalen umgebaut. Diente bis 1510 als Wohnsitz, danach Verfall. Die Stadtkirche Zum Heiligen Kreuz wurde 1625–1630 im ehemaligen Burggelände errichtet

Feldartilleriekorps, Packkalesche, wurde auch von der Infanterie verwendet (rechts), Offizier vom Feldartilleriekorps außer Dienst (rechts), Kanonier in Dienstuniform als Wachposten, neben dem Zelt Kanonier in Weste

Feldartilleriekorps, Bauchwagen mit kurfürstlich-sächsischem Wappen (ein Planwagen für verschiedene Verwendungszwecke)

Wehlen mit Elbsandsteingebirge, flußaufwärts gesehen

Die kleine Stadt entstand Anfang des 15. Jahrhunderts unterhalb der Burg, die im 16. Jahrhundert verfiel. 1790 kam es in Wehlen zu den sogenannten Jagdunruhen, die sich in kurzer Zeit über ganz Sachsen ausbreiteten

Titelblatt Feldartilleriekorps, verschiedene Dienste, links Husar vom Husarenregiment, rechts Dragoner vom Chevaulegerregiment von Gersdorff

Hohnstein (Kreis Sebnitz)

Blick auf die Burg und den Ort. Burg 1353 erstmals genannt, wahrscheinlich um 1200 errichtet. Später Verwaltungs- und Gerichtsgebäude, unter August dem Starken Jagdschloß, meist jedoch Staatsgefängnis. Heutige Bausubstanz im wesentlichen 17./18. Jahrhundert und später. 1926 Jugendherberge. 1933–1934 Konzentrationslager, seit 1949 Jugendherberge und Gedenkstätte. Stadt 1445 erstmals bezeugt

Wagenmeister des Feldartilleriekorps, mit der Aufsicht über die Bagage des Heeres beauftragter Militärbeamter, zu Pferde in Dienstuniform, dahinter zwei Artillerieknechte, Pferde versorgend

Zweigeschossiges Wohngebäude und parkähnlicher Garten mit Mauerumfriedung. Das Obergeschoß des in einfachen Formen gehaltenen siebenachsigen Hauses ist durch ein Gesims vom Erdgeschoß geschieden. Das Mansardendach wird durch Gaupen belebt

Schirrmeister des Feldartillerieparks, mit der Aufsicht über das Fuhrwesen der Artillerie beauftragter Militärbeamter, zu Pferde in Dienstuniform

Dresden

Nördliches Tor zum Großen Garten mit Blick auf das Palais. 1676 als kurfürstliche Fasanerie und Lustgarten angelegt. Palais 1678–1683 erbaut. Architekt J. G. Starcke. Gartenanlage bis 1683 von M. Göttler, ab 1684 Veränderung und Erweiterung durch J. F. Karcher. Heute Volkspark

Feldartilleriekorps, Stückknecht (Artilleriepferdeführer) in Dienstuniform mit angeschirrten Wagenpferden

Tolkewitz

Blick auf das Dorf mit Elbhang im Hintergrund. Das kleine Gassendorf bei Dresden wurde 1350 erstmals erwähnt. Später gehörte es zu den acht Ratsdörfern. Seit 1912 Stadtteil von Dresden

Titelblatt Feldartilleriekorps. Lageplan und Hauptzeughaus in Dresden

Lockwitz

Brücke mit Lockwitzbach und Dorfteil Großlockwitz. Die Ansicht zeigt den Kern des südöstlich von Dresden gelegenen Dorfes mit Herrenhaus und Kirche, die zwischen 1699 und 1702 aus der ehemaligen Schloßkapelle entstand. Seit 1930 Stadtteil von Dresden

Plan des Feldlagers einer kurfürstlich-sächsischen Artilleriebrigade

Das Hauptzeughaus in Dresden mit Artilleriepersonal

Dresden

In der Bildmitte das Zeughaus, 1559 1563 unter Leitung von M. Trost und P. Buchner nach Entwurf von C. Voigt von Wierandt errichtet. Erweiterung durch M. von Fürstenhoff 1743–1747. Oft umgebaut, als «Albertinum» seit 1887. Am Zeughaus lehnte sich der Zeughof mit Werkstätten an (Gießhaus, Münze u. a.). Rechts Kurländer Palais, von J. C. Knöffel 1728/29 für Graf Wackerbarth errichtet

Titelblatt Feldartilleriekorps. Verschiedene Dienste, mit Proviantmeister (mit der Aufsicht über ein Heeresmagazin beauftragter Militärbeamter) zu Pferde in Dienstuniform

Stolpen (Kreis Sebnitz)

Burg 1222 erstmalig erwähnt. 1335–1559 Sitz der bischöflichen Amtshauptleute. Seit 1559 im Besitz der sächsischen Kurfürsten. Nach 1675 als Festung ausgebaut, spielte jedoch keine militärische Rolle mehr. Im 18. Jahrhundert Staatsgefängnis, dessen bekannteste Gefangene von 1716 bis 1765 die Reichsgräfin von Cosel war

Feldartilleriekorps, Zeugdiener (unterer Militärbeamter in einem Zeughaus) in Dienstuniform, dahinter weitere Zeug diener und Stückknechte des Feldartilleriekorps bei verschiedenen Dienstverrichtungen mit Pferden

Sächsische Landschaft mit Dorf

Der Turm der Saalkirche trägt eine barocke Haube

Text- und Darstellungsblatt des sogenannten Ernst-Feuers. Das «Ernst-Feuer» umfaßte einschließlich der Geschützmunition alle Feuerwerkskörper, die im Kriegsfall Verwendung fanden, wie Signalraketen, Brände, Stankkugeln, Pechfaschinen, Leuchtkugeln usw. Rechts neben den Feuerwerkskörpern ein Artilleriescholar (Artillerieschüler) in Dienstuniform.

Aufstellung der verschiedenen Arten des «Ernst-Feuers»:

1. Brandkugel
2. Leuchtkugel
3. Traubenhagel
4. Bombe
5. Kartätschenschuß
6. Korbhagel mit Steinen
7. Karkassenkörper
8. Korbhagel
9. Kettenpetarde
10. Trancheekugel
11. Karkasse
12. Petarde zum Torsprengen
13. Pulverpatrone
14. Haubitzkartätschen
15. Kugelschuß
16. Strohkörper zum brennenden Stein
17. Granathagel
18. Brennender Stein
19. Granate
20. Feuerballen

Titelblatt Feldartilleriekorps mit einer kurfürstlich-sächsischen Infanteriefeldwache sowie einem abgesessenen Husaren vom Husarenregiment

Das «Lohmener Hölzchen» bei Pillnitz

Text- und Darstellungsblatt des sogenannten Lust-Feuers. Als «Lust-Feuer» bezeichnete man alle Feuerwerkskörper, die nicht zu militärischen Zwecken Verwendung fanden. Die Feuerwerke wurden bis Anfang des 19. Jahrhunderts von der Artillerie betrieben. Nach der Art ihrer Wirkung unterschied man die Feuerwerkskörper in stehende, umlaufende, schwimmende, geworfene und geschossene «Lust-Feuer». Die Feuerwerkskörper wurden, wie abgebildet, auf nach zeitgenössischem Geschmack gestalteten Holzbauwerken angebracht. Links vorn ein Artilleriegeschütz, in der Mitte ein Artillerieoffizier (links) und ein Mineur (rechts) in Dienstuniform

Bestandteile des «Lust-Feuers»:

1. laufende Sonne
2. dreifacher Umläufer
3. fixe Sonne
4. Girandel
5. Schwarm
6. Schnurfeuer
7. doppelter Umläufer
8. Bombenröhre
9. Feuerrad
10. Girandel
11. Tourbillon auf Brett
12. Schwarm
13. Pots à feu
14. Chevalet von Raketen
15. Umläufer
16. Feuerrad
17. Wasserfaß
18. Bienenschwarm
19. Irrwisch
20. Wasserkegel
21. Wasserlicht

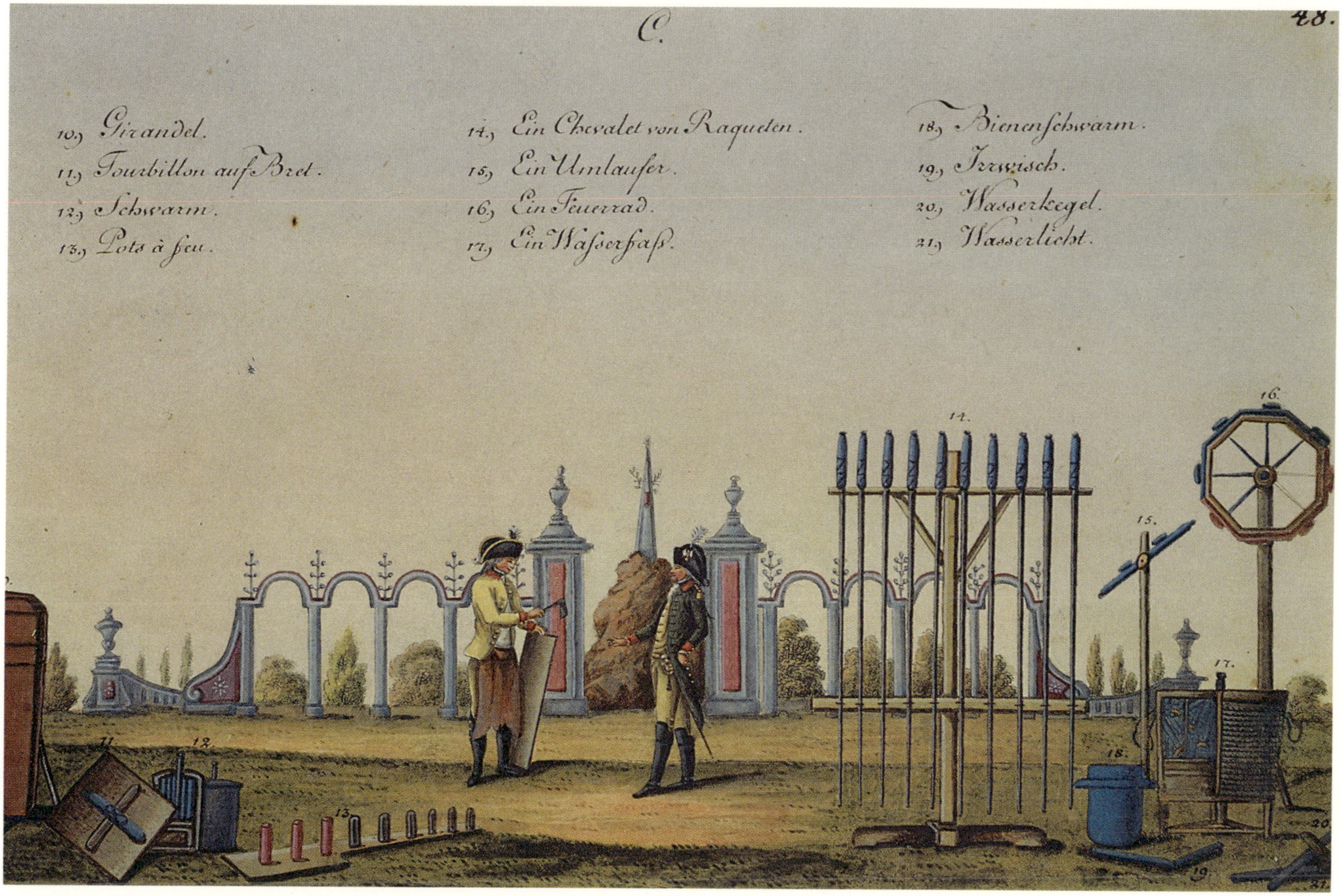

Text- und Darstellungsblatt des «Lust-Feuers» in Fortsetzung, auch hier Holzbauwerke als Träger oder Verdecker der Feuerwerkskörper, in der Mitte ein Artilleriezimmermann (links) in Arbeitskleidung (Schurzfell und Weste) und Artillerieoffizier (rechts) in Dienstuniform

Offizier der reitenden Artillerie in Dienstuniform (links) und Unterkanonier der reitenden Artillerie in Dienstuniform (rechts). Die auf dem Blatt vorgestellten Uniformen wurden von der Artillerie erst ab 1806 getragen. In der Mitte ein Landwirt zu Pferde. Das Blatt wurde wahrscheinlich als letzte Arbeit des Werkes gefertigt

Leppersdorf bei Radeberg (Landkreis Dresden)

Der 1337 erstmals genannte Ort war Amtsdorf von Radeberg mit eigenem Erbgericht. Die Kirche in der Mitte des Waldhufendorfes stammt aus der Zeit um 1680

Titelblatt Leibgrenadiergarde mit Grenadier (links) und Offizier (rechts) in Dienstuniform, hinter den beiden Figuren sind Zelte und Palisaden sichtbar

Dresden

Ansicht der Stadt vom linken Elbufer unterhalb der westlichen Festungswerke (Bastion «Sol»). Zu sehen sind die berühmten Bauten der Augusteischen Zeit

Titelblatt der Leibgrenadiergarde mit Tambour der Leibgrenadiergarde in Paradeuniform

Dresden

Freiberger Schlag in der Wilsdruffer Vorstadt, Blick zur Altstadt. Die westliche Vorstadt entwickelte sich, bedingt durch die Wasserkraft der Weißeritz, zu einem gewerbereichen Stadtgebiet. Die Schläge wurden seit 1703 vor den Vorstädten der Altstadt eingerichtet und standen ab 1721 zur Erhebung der Akzise unter Bewachung. Die Vorstadt war durch einen Palisadenzaun geschützt

Offizier der Leibgrenadiergarde in Paradeuniform (links) und Grenadier der Leibgrenadiergarde in Paradeuniform (rechts), weitere Personen auf dem Blatt sind Bürger und dienstausübende Trabanten der Schweizergarde

Dresden

Blick über den Schloßplatz von den Festungswerken oberhalb der Augustusbrücke. Katholische Hofkirche (jetzt Kathedrale), nach dem Entwurf von Chiaveri 1739–1755 erbaut. Links daneben das Residenzschloß mit Georgenbau. Am Horizont Großes und Kleines Gehege, rechts von der Kirche Kleines Hoftheater (Morettisches Theater) von J. H. Schwarze und C. G. Reuß, 1755 erbaut, 1841 abgerissen. Rechts Italienisches Dörfchen

Grenadieroffizier der Leibgrenadiergarde in Paradeuniform (links), Grenadier der Leibgrenadiergarde in Paradeuniform (rechts), Stabsoffizier der Leibgrenadiergarde zu Pferde in Paradeuniform (Mitte) und Offizier der Leibgrenadiergarde in Paradeuniform (neben Stabsoffizier), im Hintergrund angetretene Formation der Leibgrenadiere

Titelblatt Leibgrenadiergarde mit einem Kompaniechirurgen in Dienstuniform (b), einem Korporal der Leibgrenadiergarde in Dienstuniform (c) und einem Tambour der Leibgrenadiergarde in Dienstuniform (d)

Dresden

An der Entenpfütze (später Freiberger Platz). Links das Bartholomäushospital (seit dem 13. Jahrhundert Spital) mit der Bartholomäuskapelle. In der Mitte Annenkirche, erbaut 1764–1769 nach dem Entwurf von J. G. Schmidt, rechts Bürgerhäuser

Offizier der Leibgrenadiergarde in Exerzieruniform (rechts) sowie Korporal (Mitte) und Grenadiere (links) in Exerzieruniform (Weste)

Dresden

Zimmerhof (nach 1840 Zeughaushof) am Ausfalltor hinter dem Zeughaus im Bereich der Befestigungsanlagen der Brühlschen Terrasse. Hier befanden sich Werkstätten wie das Gießhaus, die Stückgießerei und die Münze. Schaffensstätte der kurfürstlichen Büchsenmeister, Zeugwarte und Zeugmeister

Offizier der Leibgrenadiergarde (links) außer Dienst und Grenadier der Leibgrenadiergarde (rechts) außer Dienst

Dresden
Löbtauer Schlag vor der Friedrichstadt

Titelblatt Feldinfanterie mit zwei Kavallerieoffizieren im Vordergrund

Moritzburg

Ansicht des Schlosses von Nordwesten. Das Jagdschloß, eine Vierflügelanlage mit vier runden Ecktürmen und Kapelle im Westflügel, befindet sich auf einer rechteckigen, von Mauern eingefaßten künstlichen Insel. In der Nordsüdachse führen zwei Dämme über den Großteich. Neben der Brücke je zwei Wächterhäuser

Titelblatt Feldinfanterieregimenter, in der Mitte berittener Offizier des Feldartilleriekorps in Dienstuniform, links im Hintergrund Grenadiere und rechts Musketiere der kurfürstlich-sächsischen Infanterieregimenter

Sächsische Landschaft mit Gasthof und Kasernenanlagen

Musketieroffizier (links) und Musketier (rechts) vom Infanterieregiment Kurfürst in Dienstuniform

Weißenfels, Schloß Neu-Augustusburg

1660–1695 an Stelle der Burg im frühbarocken Stil als Residenz für die Herzöge von Sachsen-Weißenfels errichtet. Weitläufig-prunkvolle Dreiflügelanlage, im Mittelflügel Turm und Haube, Nordflügel mit Schloßkapelle (1664 bis 1667)

Musketieroffizier (links) und Musketier (rechts) vom Infanterieregiment Prinz Anton in Dienstuniform

Pulvermühle im Plauenschen Grund bei Dresden

Der zwischen den ehemaligen Dörfern Dölzschen und Potschappel liegende Kupferhammer wurde im 18. Jahrhundert als Pulvermühle verwendet

Musketieroffizier (links) und Musketier (rechts) vom Infanterieregiment Prinz Maximilian in Dienstuniform

Schloß Wolkenstein (Kreis Zschopau)

Das herzogliche Jagdschloß über dem Tal der Zschopau wurde um 1500 errichtet und später mehrfach umgebaut. Heute kulturelles Zentrum der Bergstadt

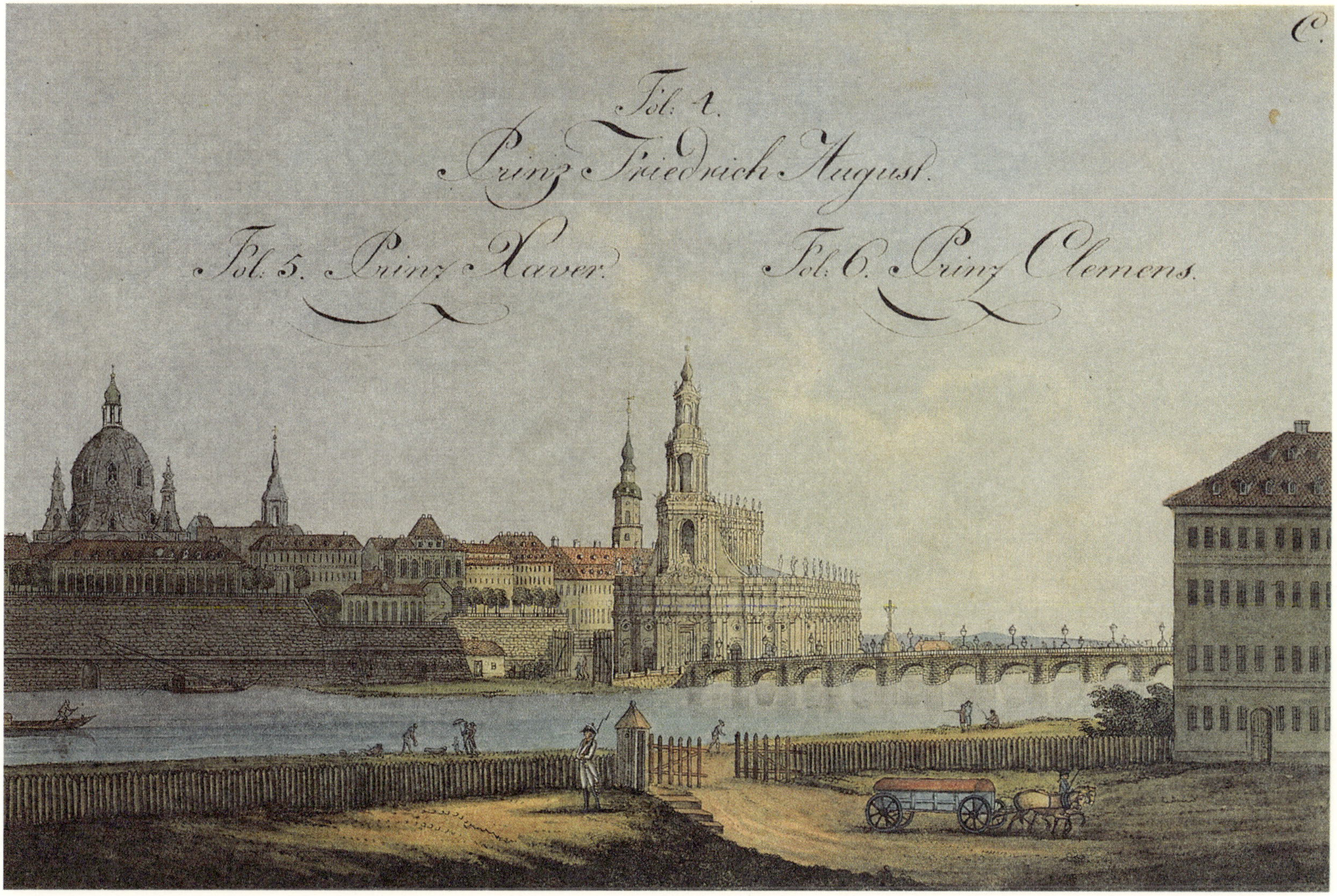

Titelblatt zur Feldinfanterie mit Musketier als Wachposten

Dresden

Blick vom rechten Elbufer mit dem Wiesentor oberhalb der Augustusbrücke auf die Altstadt. Links die Festungsanlage mit den Bauten des Grafen Brühl, die «Brühlschen Herrlichkeiten» genannt. Gemäldegalerie von 1744, (dahinter Kuppel der Frauenkirche), daneben die zweigeschossige Bibliothek von 1748, der kleine Gartensaal (1742), Palais Brühl (nach 1710) mit dem davorliegenden Garten. Hausmannsturm des Residenzschlosses, Katholische Hofkirche

Musketieroffizier (links) und Musketier (rechts) vom Infanterieregiment Prinz Friedrich August (vormals von Zanthier) in Dienstuniform

Torgau

Östliche Stadtansicht mit überdachter Elbbrücke.

Torgau war im 16. und 17. Jahrhundert die nach Dresden bevorzugte Residenz der sächsischen Kurfürsten und wegen ihrer strategischen Lage eine bedeutende Festung. Links Schloß Hartenfels (1483–1622), eine fast vollständig erhaltene Anlage der deutschen Frührenaissance. Rechts Stadtkirche St. Marien, 12./13. Jahrhundert und 1390 bis Anfang 16. Jahrhundert

Musketieroffizier (rechts), Korporal (Mitte) und Musketier (links) vom Infanterieregiment Prinz Xaver in Dienstuniform, der Korporal trägt als Stangenwaffe ein sogenanntes Kurzgewehr

Naumburg

Blick auf die Stadt am Nordrand des Thüringer Beckens. Das Wahrzeichen der vieltürmigen, um das Jahr 1000 gegründeten Stadt ist der spätromanisch-frühgotische Dom St. Peter und Paul, um 1050 geweiht (links)

Musketieroffizier (links) und Musketier (rechts) vom Infanterieregiment Prinz Clemens in Dienstuniform

Kösen an der Saale (Kreis Naumburg)

Die im 13. Jahrhundert gegründete Stadt war von 1543–1815 kursächsisch.

Die Saalebrücke ist ab 1289 bezeugt. Über sie führte die für den Ostwestverkehr wichtige Hohe Straße. 1730/31 wurden Solequellen entdeckt und danach die Salzsiederei aufgenommen

Titelblatt zur Feldinfanterie

Weesenstein (Kreis Pirna)
Blick von Nordosten auf das Schloß und den Ort

Musketieroffizier (links) und Musketier (rechts) vom Infanterieregiment von Lindt in Dienstuniform

Sächsische Landschaft mit Kirche

Musketieroffizier (links) und Musketier (rechts) vom Infanterieregiment von Bomsdorff in Dienstuniform

Nossen (Kreis Meißen)
Blick auf das Schloß und den Ort

Musketieroffizier (rechts) und Musketier (links) vom Infanterieregiment von Hartitzsch in Dienstuniform

Oybin im Zittauer Gebirge

Beeindruckender naturgebundener Ruinenkomplex. Anfang des 14. Jahrhunderts begann der Bau der Burg, von der noch Reste erhalten sind. Kloster 1365 unter Karl IV. ausgebaut, 1559 aufgegeben, 1681 fiel es einem Felssturz zum Opfer. Die teilweise in den Fels gehauene Kirche ist seither Ruine

Musketieroffizier (rechts), Musketier (Mitte) und Grenadiertambour (links) vom Infanterieregiment von Langenau in Dienstuniform, im Hintergrund ein Infanteriefeldlager in sächsischer Landschaft

Musketieroffizier (links) und Musketier (rechts) vom Infanterieregiment Prinz Adolph von Sachsen-Gotha in Dienstuniform, links außen Brückenwache

Wittenberg an der Elbe, Stadtansicht von Süden

Die im 13. Jahrhundert angelegte Stadt war ab 1423 Residenz der Wettiner. Als Ausgangsort der Reformationsbewegung Martin Luthers erlangte die Universitätsstadt Weltruhm. Auf der Abbildung rechts die gotische Stadtkirche St. Marien (Baubeginn Ende 13. Jahrhundert), die Predigtkirche Luthers. Holzbrücke 1784–1787 erbaut, 1847 auf Abbruch verkauft (erste Brücke 1487–1490). Links Schloß und Schloßkirche, 1489–1525 entstanden

Musketieroffizier (links) und Musketier (rechts) vom Infanterieregiment von Wolffersdorf in Dienstuniform, rechts im Hintergrund ein möbeltragender Leipziger Stadtsoldat

Leipzig

Das Schloßtor der Pleißenburg von außen. 1550–1567 nach dem Muster der Zitadelle von Mailand unter Hieronymus Lotter erbaut. 1764 frühere Bestimmung als Festung abgeschafft. Unter Einbeziehung eines Turmes an Stelle der Pleißenburg 1907 Neues Rathaus. Links Thomaskirche

Titelblatt Garnison- und Halbinvaliden mit reitendem Dragoner vom Chevaulegerregiment Prinz von Sachsen-Weimar

Tolkewitz

Blick auf das ehemalige Dorf bei Dresden mit Elbhang im Hintergrund. Tolkewitz ist seit 1912 Stadtteil von Dresden

Offizier der Halbinvalidenkompanie in Dienstuniform

Sächsische Schweiz
Blick zum Lilienstein

Invalide der Halbinvalidenkompanie in Dienstuniform

Festung Königstein
Ansicht von Westen mit Blick auf die umliegenden Berge der Sächsischen Schweiz

Stabsoffiziere à la suite oder von der Armee in Interimsuniform, links Stabsoffizier der Infanterie, rechts Stabsoffizier der Kavallerie

Pirna, Stadtansicht

Die Stadt, um 1200 am Schnittpunkt bedeutender Handelswege angelegt, wird überragt von der Festung Sonnenstein (rechts), deren barocker Um- und Ausbau 1668–1685 und 1735–1737 erfolgte. Bildmitte gotische Stadtkirche St. Marien (1502–1546), Turm bereits 1466–1479. Links daneben Barockturm des Rathauses (1718). Im Vordergrund Stadtbefestigung mit Dohnaischem Tor

Subalternoffiziere à la suite oder von der Armee in Interimsuniform, links Kavallerieoffizier und rechts Infanterieoffizier

Pirna

Am Oberen Tor, Blick auf die Stadt mit Festung Sonnenstein. Die mit fünf Toren versehene Befestigung der Stadt wurde im 19. Jahrhundert abgetragen. Geringe Mauerreste blieben erhalten

Titelblatt zur Feldinfanterie mit Jägern und Kavallerieoffizier

Moritzburg

Fasanerie und Umgebung. Links Vogelhaus aus Nagelwerk mit den von Vasen im Zopfstil bekrönten Kuppeln. Rechts Großteich des Friedewaldes mit Mole und Leuchtturm. Auf dem Wasser Fregatte des Hamburger Schiffszimmermannes Pätzold

Offiziere, Militärbeamte und Mannschaften des Infanterieregiments Kurfürst in szenischer Darstellung einer exekutiven Handlung.

1. Grenadieroffizier in Dienstuniform
2. Musketieroffizier in Dienstuniform
3. Regimentsquartiermeister in Paradeuniform
4. Regimentsquartiermeister in Dienstuniform
5. Auditeur in Dienstuniform
6. Kompaniefeldscher in Dienstuniform
7. Regimentsfeldscher in Dienstuniform
8. Profoß
9. Knecht

Musketier mit Arm- und Fußfessel als Delinquent
(5. Figur von rechts)

Kompaniewagen der Infanterie mit Musketier vom Infanterieregiment Prinz Clemens als Wachposten

Sächsische Schweiz

Die Elbe bei Rathen mit dem Basteifelsen, flußabwärts gesehen

Titelblatt Feldlazarett mit Hoboisten (rechts) und Tambour (links), im Hintergrund Landschaft mit verschiedenen künstlichen Befestigungen

Feldstabsmedikus (Militärbeamter, dem Stabsoffiziersrang entsprechend) in Dienstuniform

Schloß Scharfenberg (Kreis Meißen)

Zuerst im 13. Jahrhundert genannt. Das über der Elbe gelegene Schloß ist von einer Ringmauer umgeben, Zugang über eine Brücke. Bestimmend für die Renaissanceanlage sind die Jahre um 1560, nach der Zerstörung im Dreißigjährigen Krieg 1654 ausgebaut. Teilweise Ruine

Oberchirurgus (links) und Unterchirurgus (rechts) in Dienstuniform, ganz rechts ein am Arm verwundeter Husar vom Husarenregiment

Roßwein (Kreis Döbeln)

Blick auf die Stadt an der Freiberger Mulde. Um 1200 durch die Markgrafen von Meißen gegründet. Im Zentrum Stadtkirche, gegen 1513 begonnen, 1595–1611 ausgebaut. 1806 durch Brand vernichtet, danach wiederaufgebaut

Titelblatt zu Proviantwesen, Feldpostamt und Lagerplan mit berittenem Postillion

Dresden

Die Loschwitzer Weinberge, elbaufwärts vom Lincke-schen Bad aus gesehen

Proviantoffizier in Dienstuniform, im Hintergrund Bauer mit Pferdegespann

Tharandt (Kreis Freital)
Burgruine und Stadtkirche mit dem Schloßteich

Feldpostmeister in Dienstuniform (links), Postillion zu Pferde in Dienstuniform, rechts im Hintergrund mehrere Postreiter sowie Postillion in Dienstuniform

Feldpostamt mit kurfürstlich-sächsischem Wappen am Eingangsportal

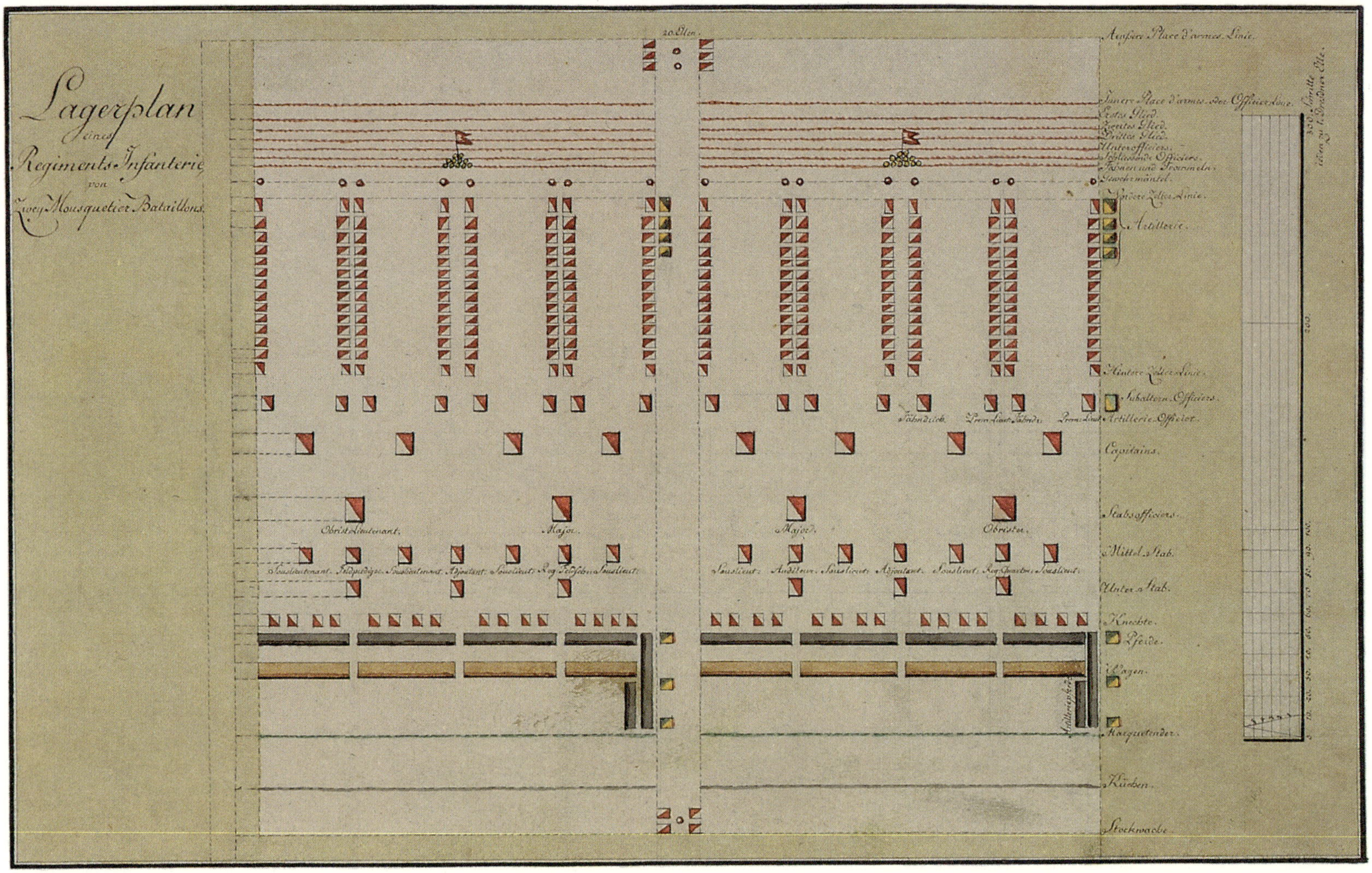

Lagerplan eines kurfürstlich-sächsischen Infanterieregiments zu zwei Bataillonen

Titelblatt zum Fuhrwesen mit Korbwagen, vierspännnig mit reitendem Pferdeknecht und einem Kürassier vom Kürassierregiment Kurfürst in Dienstuniform

Dippoldiswalde, Stadtansicht

Nach 1200 im Anschluß an die markgräfliche Burg planmäßig gegründet. Dominierend die spätgotische Stadtkirche. Turm Mitte 13. Jahrhundert, Turmaufsatz 1685. Rechts daneben Schloß an Stelle der Burg, 16. und 17. Jahrhundert. Wohnbauten 17. und 18. Jahrhundert. Stadtbefestigung um 1800 abgetragen

Titelblatt zum Fuhrwesen

Mit reitendem Dragoner vom Chevaulegerregiment Prinz von Sachsen-Weimar in Dienstuniform, im Boot zwei Männer in der üblichen ländlichen Tracht Ende des 18., Anfang des 19. Jahrhunderts

Briesnitz bei Dresden

Blick auf das Dorf und die Elbe, flußabwärts gesehen. In der Mitte die Dorfkirche, 1474 und nach 1500 fast ganz erneuert, Reste vom Ende des 13. Jahrhunderts. Briesnitz ist seit 1921 Stadtteil von Dresden

Proviantknecht vom Fuhrwesen in Dienstuniform (links) und Proviantknecht vom Fuhrwesen in Weste (rechts), das linke Pferd ist ein Riemenpferd (vorgespanntes Pferd), das mittlere ein Handpferd (rechts gehendes Pferd) und das rechte ein Sattelpferd (links gehendes Pferd mit Sattel). Alle drei sind Zugpferde

Vermutlich Windberg im Plauenschen Grund bei Dresden

Verschiedene Kutschen:
a – viersitzig
b – zweisitzig
links Pferdeknecht mit Pferden

Possendorf (Kreis Freital)

An der alten Fernstraße von Dresden über Dippoldiswalde nach Teplitz (Teplice) in Böhmen. Gutsbezirk des Waldhufendorfes. Kirche 1595/96 in Anlehnung an spätgotische Vorbilder als Hallenkirche erbaut, Westturm 1521 begonnen

Titelblatt zum Fuhrwesen

Buschmühle im Plauenschen Grund bei Dresden

Auf dem linken Weißeritzufer 1559 als Schleifmühle erbaut, bald auf Müllerei umgestellt. Auch Schweizermühle nach der Felsbastion «Schweizerbett» genannt. Bis ins 19. Jahrhundert wegen ihrer idyllischen Lage gern besucht und oft dargestellt. Heute überbaut durch Brauerei Felsenkeller

Schirrmeister in Dienstuniform mit unterschiedlich verdeckten Packkaleschen

Freyburg/Unstrut, Schloß Neuenburg

Talrandburg auf dem östlichen Ufer der Unstrut. Der die Landschaft beherrschende runde romanische Bergfried in der zweiten Vorburg, der sogenannte Dicke Wilhelm, erhielt seine barocke Haube in der zweiten Hälfte des 17. Jahrhunderts

Feldapotheke mit abgeschirrten Zugpferden, links ein Proviantknecht vom Fuhrwesen in Dienstuniform, dahinter verschiedene Stadtbürger und Soldaten

Pirna, Marktplatz

In der Mitte Rathaus mit Stilelementen aus fünf Jahrhunderten, gotischer Unterbau, Renaissancegiebel, Barockturm mit Kunstuhr. Ursprünglich Kauf- und Versammlungshaus, Neubau nach Brand 1450, grundsätzlicher Umbau seit 1555. Die Monotonie des Platzbildes ergab sich durch die mittelalterliche Bauordnung. Vorgeschrieben waren steinerne Traufenhäuser, die nur bei wenigen Bauten durch Giebel bereichert wurden. Auf dem Platz zwei Brunnen (1775, 1780)

Deckenwagen mit Vorratsrad (Reserverad) an der rechten Wagenhälfte, deshalb befindet sich das kurfürstliche Wappen am Ende des Wagens

Hohnstein (Kreis Sebnitz)
Blick auf die Burg und den Ort

Titelblatt zum Fuhrwesen

Königsmühle im Plauenschen Grund bei Dresden

1747 oberhalb der Buschmühle erbaut. In der Nähe fand 1719 das von August dem Starken veranstaltete prunkvolle Saturnusfest aus Anlaß der Vermählung des Kurprinzen statt

Bauchwagen (links) und Backofenwagen als Transportwagen des Feldbackofengerätes (rechts), an einer Deichsel lehnend ein musizierender französischer Musketier und rechts ein lagernder kurfürstlich-sächsischer Musketier

Königsbrück (Kreis Kamenz) Stadtansicht

Seit 1331 als Stadt bezeichnet. Liegt am Übergang der «Hohen Straße» über die Pulsnitz, der durch das Schloß (rechts) geschützt war. Die Stadt galt lange Zeit als wichtiger militärischer Stützpunkt und wurde 1490 mit Festungswerken versehen. Seit 1635 sächsisch. Vom alten Schloß Reste des 16. Jahrhunderts, Hauptbau um 1700. Dachreiter des Torhauses links. Stadtkirche 1682 begonnen (dritter Bau), Turm mit barocker Haube 1719

Feldschmiede (links) und Kohlenwagen (rechts) des Feldartilleriekorps, zwischen den Wagen zwei Artillerieknechte (Hilfspersonal) in Dienstuniform

Sächsische Landschaft mit Dorf

Stabsoffizier à la suite der Infanterie (links) und Subalternoffizier à la suite der Kavallerie (rechts) in Interimsuniform

Dresden

Kreuzkirche von der Südostecke des Altmarktes aus gesehen. Vorheriger Bau 1760 zerstört. Nach einem Entwurf von J. G. Schmidt ab 1764 neu erbaut. Fassadengliederung von C. F. Exner, Turm 1792 nach Entwurf von G. A. Hölzer. Links die Kreuzgasse, die mit ihren Wohnbauten zu den vornehmsten Straßen der Stadt zählte

Stabsoffizier von der Armee (Kavallerie) in Interimsuniform (links) und Subalternoffizier von der Armee (Kavallerie) in Interimsuniform (rechts), in der Mitte ein Soldatenknabe der Soldatenknabenerziehungsanstalt Schloß Annaburg (jetzt Bezirk Cottbus) und auf der rechten Seite Stabsoffizier von der Armee (Infanterie) in Interimsuniform (links) sowie Subalternoffizier von der Armee (Infanterie) in Interimsuniform (rechts)

Stolpen (Kreis Sebnitz)

Nordansicht der Burg. Die 1222 erstmalig erwähnte Burg wurde unter W.C. von Klengel nach 1675 als Festung ausgebaut und war im 18.Jahrhundert Staatsgefängnis. Im Siebenjährigen Krieg durch preußische Truppen besetzt, die einen Teil der Festung unbrauchbar machten. Die 1764 aufgelassenen Befestigungen durch Franzosen verstärkt und 1813 gesprengt. Die Abbildung zeigt den Zustand nach dem Siebenjährigen Krieg

Nachwort

Kurz vor Drucklegung der vorliegenden Ausgabe wurde ein musealer Katalog zugänglich, der auch Blätter des Reinholdschen Werkes nachweist. Es handelt sich um den Katalog 1. Uniformierung mit der Registriernummer $\frac{X.3.}{683}$.

Das erste Blatt des Kataloges ist offensichtlich von einem früheren Inhaber entfernt worden. Das nachfolgende Blatt enthält die Überschrift «Die Uniformierung der Armee von ihrem Entstehen bis auf die heutige Zeit».

Die Registratur der eindeutig musealen Sammlung von Abbildungen beginnt mit der Überschrift «Verzeichnis der einzelnen Abschnitte der Uniformierungs-Epochen der sächsischen Armee» und setzt sich von Seite 1 mit Darstellungen aus dem 17. Jahrhundert bis Seite 6 mit Tafeln zur Uniformierung der königlich-sächsischen Armee von 1867 bis 1893 fort. Von Seite 9 bis Seite 113 sind die registrierten Tafeln einzeln unter Angabe des jeweiligen Autors und der Entstehungszeit aufgeführt. Eintragungen von 1914 und 1916 mit Uniformabbildungen des 1. Weltkrieges beenden auf den Seiten 114 und 115 den Katalog.

Es ist aus den vorgenannten Fakten wohl mit Sicherheit abzuleiten, daß der Katalogband aus dem ehemaligen sächsischen Heeresmuseum stammt.

Auf Seite 30 dieses Bandes beginnen die Eintragungen über das im sächsischen Heeresmuseum Dresden bis 1945 teilweise vorhandene Reinholdsche Werk. Es waren 49 Tafeln mit 191 kolorierten Kupferstichen.

Nach der Überschrift ist als Vorsatz der Eintragungen festgehalten:

«Die Darstellung dieser Blätter ist mit einer seltenen Genauigkeit und Vielseitigkeit erfolgt, dieselben geben gleichzeitig eine vorzügliche Charakteristik der damaligen Zeit und durch die angebrachten Ansichten ein Bild der vaterländischen Gegenden.»

Auf der rechten Seite stehen Angaben über den Autor:

«Entworfen, gezeichnet und koloriert von Friedrich Johann Christian R e i n h o l d, Kanzlisten des Kurfürstlich Sächsischen Hohen Ober ‹Steuer› Kollegiums.»

Nachgewiesen werden dann 11 Stiche mit Abbildungen zum kurfürstlichen Haus, 15 Stiche zu Titeln, 22 Stiche mit Darstellungen des Generalstabes, 39 Stiche die Fußtruppen betreffend, 42 Stiche mit Kavallerieabbildungen und 62 Stiche zur Artillerie und zu sonstigen Diensten. Diese detaillierten Angaben zu den Stichen werden auf der Seite 49 mit dem Nachsatz beendet, daß ein vollständiges Exemplar des Reinholdschen Werkes Herr Sahrer von Sahr auf Dahlen (Bezirk Leipzig) besaß und das dazu vorhandene Inhaltsverzeichnis mit Eintragungen der Quartiere der Truppen zu den Tafelangaben des Kataloges verwendet wurde. Gegenwärtig soll sich nach nicht gesicherten Angaben ein fast vollständiges Exemplar aus amerikanischem Privatbesitz in Frankreich befinden. Ob es sich hierbei um das Dahlener Exemplar handelt, ist nicht bekannt.

Die Katalogeintragungen sind im wesentlichen erfreulicherweise identisch mit den für das vorliegende Buch erarbeiteten Texten. Abweichungen bestehen nur darin, daß der Autor durch Verwendung verschiedener Aufschlagfarben die Regimentszugehörigkeit der abgebildeten Personen auf den einzelnen Stichen unterschiedlich anlegte, vor allem bei der Kavallerie.

Wenn man davon ausgeht, daß nicht einmal das sächsische Heeresmuseum das von ihnen selbst so lobend erwähnte Werk vollständig besaß, kann der unikate Charakter des Gesamtwerkes Reinholds und die kulturgeschichtliche Bedeutung seiner Herausgabe wohl mit Berechtigung sehr hoch eingeschätzt werden. Es muß leider auch noch erwähnt werden, daß alle aufgeführten Katalogbestände Kriegsverluste sind – auch die erwähnten 49 Tafeln mit den 191 Kupferstichen.

Die vorgelegte Edition soll der notwendigen Bewahrung des kulturellen Erbes dienen.

Literaturauswahl

Archivalien aus dem Staatsarchiv Dresden:
Die kurfürstlich-sächsische Armee betreffend
Acta, Militärsachen betreffend, 1791–1808
Acta, Militärsachen betreffend, 1782–1813
Verschiedene Exerzier-Reglements 1773
Musterung der Regimenter zu Pferd und zu Fuß betreffend, 1798–1803
Das Hauptzeughaus betreffend, 1790–1797 ff.
Spezifikation über Gewehre, Lederwerk und Equipage, 1707–1820
Magazin-Sachen betreffend, 1793–1799
Magazin-Sachen betreffend, 1800–1806
Sachen, die Garde du Corps betreffend, 1797–1799
Sachen, die Garde du Corps betreffend, 1790–1796
Die Leibgrenadiers-Garde betreffend, 1791–1799
Acta, die Errichtung des Husaren-Regimentes betreffend, 1791–1803
Remonte-Sachen betreffend, 1793–1798
Remonte-Sachen betreffend, 1799–1807
Nachrichten, die Schweizergarde betreffend, 1699–1794
Das Feldartillerie-Corps betreffend, 1791 ff.
Das Feldartillerie-Corps betreffend, 1796–1799
Das Ingenieur-Corps betreffend, 1789–1799
Die Militär-Medizinalanstalten und das dabei angestellte Personal betreffend, 1783–1813
Acta, die Halbinvaliden-Kompanien betreffend, 1784–1799
Acta, die Fomierung der Armee betreffend, 1780–1794
Die Delogierung der Armee betreffend, 1790–1801
Die Delogierung der Armee betreffend, 1802–1810
Die Einquartierung der Garnison zu Dresden betreffend, 1765–1806
Die innere Wirtschaft bei der Armee, 1790–1801
Acta, Rekrutierung betreffend, 1794–1813
Militär-Tractement und Pensions-Vorschläge, 1795–1819
Die Leibes-Mundierung der Armee betreffend, 1788–1813
Anschaffung der am 1. Mai 1790 fälligen neuen Leibesmontur
Acta, betreffend die neue Leibesmundierung der Armee, 1765–1817
Leibesmontierungsangelegenheit der Kavallerie-Regimenter 1792–1802
Acta, betreffend die Bekleidung der Armee, 1803–1804
Acta, betreffend die Bekleidung der Armee, 1803–1848
Bekleidungsvorschriften, 1803–1848
Die Fasson der Offiziersuniform – erlassene Ordres zwischen 1801–1802

Acta, die von Ihro Churfürstlichen Durchlaucht Friedrich August anbefohlene Wiederherstellung des Militärordens St. Henrici und die Einführung goldener und silberner Verdienst-Medaillen für Unteroffiziere und Gemeine betreffend, 1793–1829
Stiftung des Chur-Sächsischen Militär-Ordens Sancti Henrici betreffend, 1768ff.

Darstellungen

Denkmale in Sachsen
Ihre Erhaltung und Pflege in den Bezirken Dresden, Karl-Marx-Stadt, Leipzig und Cottbus
Weimar 1978

Deutsche Geschichte, Bd. 3,
Die Epoche des Übergangs vom Feudalismus zum Kapitalismus von den siebziger Jahren des 15. Jahrhunderts bis 1789,
Berlin 1983

Deutsche Geschichte, Bd. 4,
Die bürgerliche Umwälzung von 1789 bis 1871,
Berlin 1984

Elbtal und Lößhügelland bei Meißen,
Werte unserer Heimat, Band 32
Berlin 1982

Lexikon Städte und Wappen der Deutschen Demokratischen Republik,
Leipzig 1979

Czok, Karl,
Die Entwicklung des kursächischen Territorialstaates im Spätfeudalismus, von der Mitte des 16. Jahrhunderts bis um 1790,
in: Sächsische Heimatblätter, Heft 6/1982, S. 241ff.

Czok, Karl,
Zur Stellung Sachsens in der deutschen Geschichte,
in: Sächsische Heimatblätter, Heft 5/1982, S. 193ff.

Dehio, Georg,
Handbuch der deutschen Kunstdenkmäler.
Die Bezirke Dresden, Karl-Marx-Stadt, Leipzig,
Berlin 1966

Feist, Peter H./Thomas Häntzsche/Ulrike Krenzlin/Gisold Lammel,
Geschichte der deutschen Kunst 1760–1848,
Leipzig 1986

Fiedler, Alfred/Jochen Helbig,
Das Bauernhaus in Sachsen
Berlin 1967

Forberger, Rudolf,
Die Manufaktur in Sachsen
Berlin 1958

Gurlitt, Cornelius,
Die Kunstdenkmäler von Dresdens Umgebung
Teil II,
Dresden 1904

Hahn, Alfred/Ernst Neef,
Dresden,
Werte unserer Heimat, Band 42
Berlin 1984

Krüger, Renate,
Das Zeitalter der Empfindsamkeit,
Leipzig 1972

Kuczynski, Jürgen,
Geschichte des Alltags des deutschen Volkes,
Studien 2 (1650–1810),
Berlin 1981

Löffler, Fritz,
Bernardo Bellotto, genannt Canaletto,
Dresden im 18. Jahrhundert,
Leipzig 1985

Löffler, Fritz,
Das alte Dresden,
Leipzig 1984

Metzsch-Reichenbach, Carl von,
Die interessantesten alten Schlösser und Burgen Sachsens,
Dresden 1910

Neidhardt, Hans-Joachim,
Dresden wie es Maler sahen
Leipzig 1983

Richter, Otto,
Atlas zur Geschichte Dresdens 1898

Schlechte, Horst,
Die Staatsreform in Kursachsen 1762–1763
(Quellen zum kursächsischen Retablissement nach dem Siebenjährigen Kriege),
Berlin 1958

Wetzel, Friedrich,
Alt-Sachsen,
Heimische Bau- und Raumkunst in vergangenen Jahrhunderten,
Dresden 1922

Zwahr, Hartmut,
Sachsen im Übergang zum Kapitalismus und im Revolutionsjahr 1830,
in: Sächsische Heimatblätter,
Heft 3/1984, S. 97ff.

Die Autoren danken für die freundliche Hilfe und Unterstützung
bei der Erarbeitung des vorliegenden Werkes dem Institut für Denkmalspflege, Arbeitsstelle Dresden,
den Staatlichen Kunstsammlungen Dresden, dem Staatsarchiv Dresden,
Herrn Professor em. Dr. habil. Rudolf Forberger und Frau Ursula Forberger,
Herrn Prof. em. Dr.-Ing. Hans Nadler,
Herrn Dr. Fritz Kunter,
Herrn Gerd Kleber.

ISBN 3-327-00750-0

1. Auflage

Lizenz-Nr. 5
Printed in the German Democratic Republic
Lichtsatz: Karl-Marx-Werk Pößneck V 15/30
Repro, Druck und buchbinderische Verarbeitung: Grafische Werke Zwickau
Lektor: Inge Fischer
Gesamtgestaltung: Wolfgang Ritter
Fotografien: Jürgen Karpinski
Redaktionsschluß: 15. August 1988
LSV: 0549
Bestellnummer: 747 179 0
05400

CREIS
LEIPZIGER
MEISN
CR.
ERTZ GE
BURGISCHER
FÜRSTENTHUM
ALTENBURG
NEUSTEDISCHER
CREIS
GR
Kemberg
Kothen
Ragun
Jesnitz
Wieska
Radegast
Steinfurth
Wolffen
Schmiedeberg
Pretzsch
Annaburg
Schlieben
Collocha
Hertzberg
Bucka
Könnern
Rothenburg
Löberitz
Bitterfeld
Zörbig
Löbigen
Cösseln
Petersberg
Düben
Pretin
Debrichen
Uingau
Wahrenbruck
Liebenwerda
Wettin
Halla
Brehna
Dolitsch
Rendorff
Domitsch
Vogelgesang
TORGAU
Sauhaus
Cosdorff
Belgern
Mühlberg
Muckrehna
Schilda
Sitzeroda
Frauenwalda
Eilenburg
Gorisch
Lorenzkirch
Strehla
Dahlen
Kalbitz
Riesa
Oschatz
Malitz
Merseburg
Lauchstad
Schkeuditz
Taucha
Wurtzen
Bennewitz
Lützen
Grimma
Naunhoff
Mutschen
Schweta
Lommatsch
Meissen
Leuben
Weissenfels
Freyburg
Zwenkau
Pegau
Colditz
Leisnig
Döbeln
Rosswein
Naumburg
Borna
Lausig
Hartha
Waldheim
Nossen
Zeitz
Rochlitz
Mittweyda
Altenburg
Frohburg
Penig
Chemnitz
Oderan
Frankenberg
Gera
Reichenbrand
Zschopa
Weida
Glaucha
Lichtenstein
Stollberg
ZWICKAU
Werda
Wildenfels
Marienberg
Lengefeld
Dürrfeld
Hartenstein
Lahnsbach
Schmollen
Ronneburg
Crimitzschau
Crossen
Osterfeld
Trebsen
Gnandstein
Seidenberg